TERAPIA HAZLO TÚ MISMO

aprende cómo pensar, sentir y actuar como
una persona nueva en tan solo 8 semanas

LYNN LOTT

BARBARA MENDENHALL

un libro ENCOURAGEMENT CONSULTANT

TERAPIA HAZLO Tú Mismo ©2020, Lynn Lott & Barbara Mendenhall

Publicado por Encouragement Consulting

ISBN: 978-17340820-6-7 (print)

ISBN: 978-17340820-7-4 (e-book)

Título Original en inglés: *Do It Yourself Therapy, How to think, feel and act as a new person in only eight weeks.*

En la cultura anglosajona se utiliza la expresión Do It Yourself como en español usamos la palabra bricolaje. Según el diccionario de la RAE es una actividad manual o casera que se realiza sin ayuda de un profesional. En español, hablar de terapia de bricolaje no nos daría el sentido que quería transmitir la autora con este título. Usar otras traducciones como Sé tu propio terapeuta aunque pueda sonar mejor en español, tampoco hace justicia al título, ya que la idea de la autora no es suplantar, sustituir o prescindir de un profesional del campo de la psicología o la psiquiatría. Por ello hemos traducido de manera literal al título con *Terapia hazlo tú mismo.*

Nota para los Consultores de Encouragement que han participado del programa Encouragement Consultant de Lynn Lott.

La palabra ENCOURAGEMENT, no es fácil de traducir al español. Existen varias palabras afines como aliento, ánimo, e incluso motivación. La palabra *Encouragement* en inglés, viene del francés antiguo y quiere decir "desde el corazón". Está formada por *courage* (del francés coeur=corazón) esa valentía y coraje interno. El *Encouragement* por tanto debe partir siempre de adentro, de lo más íntimo, del corazón. Por eso no hemos utilizado la palabra motivación, puesto que esta puede ser tanto interna como externa. Así "animar" que viene de *ánima (alma)* podría ser una buena opción. Aun así y siguiendo los principios que se utilizan en esta obra, hemos decidido usar la palabra aliento. Definido como impulso vital, es ese soplo de vida que a veces nos hace seguir adelante incluso en las peores circunstancias. Del mismo modo y unido al significado en inglés se ha usado la palabra coraje, en traducción a *courage*, que el diccionario de la Real Academia de la Lengua Española define como la "impetuosa decisión y esfuerzo del ánimo, valor".

Es así, que por respeto y para honrar el deseo de la creadora y desarrolladora del programa, se ha mantenido el título del programa en inglés, como en el original: *"Encouragement Consultant"*. Las personas que participan de este curso de entrenamiento reciben el título de Consultores de Encouragement, como se hace referencia a lo largo de ambos libros utilizados en el programa.

Los libros utilizados en el programa Encouragement Consultant, son *Conocerme es amarme y Terapia hazlo tú mismo*.

Como Consultor de Encouragement, es posible que necesites copias de estos libros para tus talleres y participantes, para ello podrás comprarlos y pagar las regalías de impresión en la página web www.lynnlottec.com . Respetemos las leyes de derechos de autor.

Los errores son magníficas oportunidades de aprendizaje.

Somos conscientes que quizá encuentres algunos errores tipográficos, de gramática, de sintaxis u ortografía, así como de traducción a lo largo de estos textos. Si lo haces te pedimos que te comuniques directamente al correo fabiola.narvaez@voluntar.org señalando el error para que podamos repararlo y pronto tener la mejor versión en español de los libros del programa *Encouragement Consultant* de Lynn Lott.

Última revisión: julio 2020

Elogios de los Críticos a *Terapia hazlo tú mismo*

No encuentro palabras para describir cuán útil ha sido este libro para mí. He regalado muchas copias a otras personas y se ha vuelto rutinario el hacer las actividades y utilizar las historias inspiradoras para empoderar a mis clientes. Este enfoque sucinto, pero a la vez realista para entenderte mejor a ti mismo y a los demás trae sanación emocional genuina a todo el que lo lee. Un libro excelente, lleno de consejos alentadores y estrategias prácticas.

> Dori Keiper, M.Ed., Consejera Adjunta de la Facultad de
> Psicología de la Universidad de Lehigh

Al seguir los sencillos pasos de Terapia Hazlo tú mismo, una imagen completa de MI PERSONA empezó a salir, y empezó a volverse cada vez más clara. Sin juzgarme: no era ni buena, ni mala, era solo yo. El mundo ahora está lleno de alternativas, ya no es binario, y está en mis manos tomar decisiones acerca de mi vida. Un libro genial para cualquier persona interesada en conocerse, desarrollarse, y usar esta habilidad para ayudar a los demás.

> Susie Zhang, CPDT, Pionera de la Disciplina Positiva en China

Este libro tiene voz, y nos llama desde sus páginas. Es alentador y a la vez retador para tomar el mayor riesgo de todos…el de cambiarnos a nosotros mismos.

> Roslyn Duffy, consejera, maestra, y coautora de Disciplina Positiva
> para preescolares y Disciplina Positiva: Los tres primeros años.

¡Me encanta este libro! Toda la información es muy clara, los cuadros, las actividades, etc. son muy buenas. Lo uso constantemente. Terapia hazlo tú mismo, es una manera excelente de aprender sobre las relaciones verticales y horizontales. Me ha ayudado personalmente, así como a personas a quien conozco.

> Mary Jamin Maguire, MA, LP, LICSW H Fundadora, Directora y Terapista
> en el Adler Center for Family & Community, Minneapolis, MN

Amo este libro, por muchas razones. El capítulo sobre el Orden de nacimiento me fue muy útil para el auto conocimiento…lo he recomendado mucho a lo largo de estos años.

> Mary Hughes, MHR y Entrenadora Líder de Disciplina Positiva.

Solo puedo decir que el libro me encantó y que me ayudó tremendamente.

> Kristin Nasmin, Instructora y Entrenadora de Padres BC.

¡Me encanta! El libro es EXCELENTE. Vale la pena leerlo, releerlo y regalarlo a los amigos.

Glenda Montgomery, Entrenadora Líder de DP y Coach de Crianza de Portland. En Río de Janeiro

Estoy sinceramente agradecida por la ayuda que ofrece. He estado haciendo este trabajo durante 15 años, pero este material me abre nuevos horizontes. Veo cómo ayuda a los padres y a todas las personas. Estoy ansiosa por aprender más.

Ruth Broekhuizen, Training and Counseling, Lelystad, Netherlands

Leer este libro me ha invitado a mantener conversaciones con mi alma. Mágicamente durante este proceso mi niña interior gradualmente se extinguió y creció. Este libro es único de muchas maneras, en especial por el lenguaje sencillo, los ejemplos vívidos, las actividades inspiradoras y los planes de acción factibles, que nos llevan a pensar a un nivel más profundo desde nuestro ser interior. Pasar por el darse cuenta de la autoconciencia, la aceptación hasta llegar a abrazar todas las opciones posibles. Con este libro, puedes unirte a nosotros y explorar en este viaje tan especial, con poder, aliento y expectativas, emprenderás un viaje que no termina nunca. Terapia hazlo tú mismo.

Flora Hua Educadora de Padres de Disciplina Positiva. Beijing, China

Dedicatoria

Para Hal, la persona más alentadora de mi mundo.

— Lynn

Para Rick, Jess, Ben y Lynn por ayudarme a aprender a caminar el camino
que predico, y así poder enseñar a los demás a hacer lo mismo.

— Barbara

Tabla de contenido

Reconocimientos

Muchas personas contribuyeron para la realización de este libro; más de las que podríamos agradecer. Agradecemos a todos ustedes, y queremos mencionar en particular…

- A Riki Intner, nuestra coautora que ayudó a concebir y escribir la primera edición de *Do It Yourself Therapy*.

- A nuestros clientes, familia y amigos, por enseñarnos tanto como lo que pudieron aprender de nuestro material, por ayudarnos a desarrollar y refinar su uso y presentación, y por permitirnos usar sus historias para ayudar a otros al mostrarles cuánto pudieron crecer y cambiar al usar estas técnicas.

- A Rachel Bailey por permitirnos dar el primer paso y hacer todas las sugerencias de mejora incluyendo la importancia de los planes de acción junto con las actividades de concientización.

- A Paula Gray cuyas ilustraciones hacen del libro más vivo y nos entretienen cada vez que las miramos. ¡Paula, eres grandiosa! (gray@sonic.net)

- A todas esas personas alentadoras que Lynn conoció en China que están hambrientos de esta información y nos empujaron para hacer la revisión. Al Sr. Zhen, gracias por inspirarnos con su interés en publicar nuestro libro. A Alicia Wang, gracias por ser nuestra amiga, colega, y la persona más alentadora. Gracias por los nuevos Consultores de Encouragement (Encouragement Consultants) en China (Flora, Kathy, Brian, y Amy) y todos los que saldrán de nuestros entrenamientos.

- A nuestra editora Laura Mangels que pulió nuestros errores y nos agradeció por la oportunidad de editar un libro del cuál aprendió tanto. (Gracias a Kelly Mills que nos presentó a Laura.)

- A Ken Ainge quien creó todos los archivos nuevos para no tener que volver a escribir el libro entero.

- A Shary Adams que nuevamente vino al rescate y nos ayudó a formatear el material complejo.

- A Jessica Amen quien con alegría nos proporcionó ayuda técnica.

- A June Clark quien pulió nuestro manuscrito en formas que nunca soñamos.

- A Barbara Mendenhall quién volteó su vida patas arriba (y su casa también) para que podamos terminar este libro a tiempo. (Barbara y Rick, a más de ser inteligentes expertos en tecnología y talentosos, saben cocinar y entretener como el mejor restaurant gourmet.)

- A Lynn Lott quien cree que, si vivimos lo suficiente, podemos convertir este mundo en un lugar alentador para todos.

Introducción: ¡No es vudú…Lo haces Tú!

¿Realmente es posible cambiar nuestra vida en ocho semanas? Sí, sí es posible. Existen puntos de inflexión para todas las personas. Estos puntos de inflexión son momentos en que te conviertes en una nueva persona, comprometida con el crecimiento; cuando decides darte aliento en lugar de continuar ahogándote en comportamientos desalentadores.

Leer Terapia hazlo tú mismo podría ser un punto de inflexión para ti. Tu vida puede cambiar, sea que trabajes el libro capítulo por capítulo, o escojas alguna actividad que te parezca apropiada ese momento.

Una vez que empieces a cambiar, te darás cuenta que las personas que te rodean, a menudo querrán algo de lo que tienes. La buena noticia es que podrás ayudar a otras personas a alentarse también. Te convertirás en lo que llamamos un Consultor de Encouragement para ti mismo y para los demás.

¿Qué es lo que hacen los Consultores de Encouragement? Ellos se inspiran e inspiran a otros con coraje. Se enfocan en el esfuerzo y en la mejora, invitan a las personas a cambiar por ellos mismos. Ayudan a reeducar a su niño interior y que otros también lo hagan. Aprenden estrategias que se basan en el respeto. También aprenden a encontrar soluciones para problemas cotidianos.

No tienes que ir a la universidad y tomar un montón de cursos para hacer esto (claro que si lo que quieres ir a la universidad: por todos los cielos, ¡hazlo!) No tienes que coleccionar diplomas y certificados (aunque para algunos coleccionar certificados puede ser reconfortante). Lo que necesitas es aprender haciendo, al adoptar un modelo de aliento para ti y para los demás. Nosotros te mostraremos los pasos.

Los cuatro pasos del proceso de cambio

Cuando te conviertes en un Consultor de Encouragement para ti y para los otros, estás ayudando a la gente a cambiar. El cambio no sucede de la noche a la mañana. Hay cuatro pasos necesarios para lograr el cambio del desaliento al aliento: *deseo, conciencia, aceptación y opciones*. Aunque alguien podría decirte que necesitas ayuda o que necesitas cambiar, el cambio no empieza realmente hasta que tienes el deseo de hacer tu vida mejor. Si lees un libro (incluyendo este), si tomas un curso, te unes a un grupo, si buscas ese programa de 12 pasos, si llamas a un terapista, o simplemente le cuentas a otra persona que quieres hacer algún cambio, ese es el primer paso: deseo.

A menudo hablamos con las personas que nos buscan sobre el segundo paso: la *concientización*, en términos de A.C. y de D.C. queriendo decir "Antes de la Concientización" y "Después de la Concientización" experimentar la transición de A.C a D.C. es como estar en un cuarto oscuro y que alguien prenda la luz. Hasta que no tomas conciencia y te das cuenta de tus patrones de pensamiento, de tus patrones de sentimientos, y de tus patrones de comportamiento, no podrás empezar a cambiar.

Las personas tienden a ver el tercer paso: *la aceptación*, como el más difícil. La aceptación requiere que separes tus pensamientos, sentimientos y acciones de tu propia valía. En este paso eres capaz de decir "Así es como (esto, él, ella, yo, la vida) es"; es un hecho, no es un juicio de valor, es simplemente información. La aceptación implica el enfocarse en la realidad (lo que es) en lugar de en el pasado (lo que fue) o en el futuro (lo que podría ser). Cuando empiezas a enfocarte en "lo que es, podrás dejar de compararte, criticarte, y juzgarte, o podrás dejar de pensar que no vales nada. Cuando te escuches a ti mismo diciendo, "Es lo que hay" ¡estás en el punto de *aceptación*!

Sin aceptación, el cambio es temporal. A veces ayuda el pretender que hay una voz alentadora susurrándote al oído que eres lo suficientemente bueno, tal como eres. Si te escuchas respondiéndole a esa voz con "sí, pero…" o "si tan solo…" o "yo debería…" Significa que aún no has llegado a este punto. Cuando te aceptas a ti mismo tal como eres, empiezas a verte en acción, en lugar de darte a ti mismo una paliza cada vez. Caerás en cuenta de algún comportamiento ineficaz luego de hacerlo, mientras lo estás haciendo, o incluso justo antes de hacerlo.

Desde aquí, el último paso en el proceso de cambio sigue de forma natural. Una vez que te aceptas más a ti mismo, empezarás a descubrir que el mundo está lleno de *opciones*. Mientras te enfocas menos en tus errores o en tratar de impresionar a los demás, estarás más abierto a intentar nuevos pensamientos y comportamientos.

El árbol de la Disciplina Positiva

Las ideas de este libro se originaron con Alfred Adler y Rudolf Dreikurs. Jane Nelsen y Lynn Lott trabajaron juntas para refinar estas ideas y crear lo que se conoce como Disciplina Positiva (DP). Personas de todo el mundo estudian DP, y muchas dictan cursos para padres y maestros que desean aprender cómo usar, en sus relaciones con niños, métodos basados en el respeto, que sean amables y firmes.

Muchas personas han preguntado si pueden usar estos métodos en relaciones entre adultos. La respuesta es un gran ¡SÍ! Es lo que solemos llamar "Disciplina Positiva Plus" Si has estudiado la DP y has aprendido a practicarla con niños de todas las edades, estás muy cerca de convertirte en un Consultor de Encouragement. Si no has tomado ningún curso de DP, te recomendamos mucho que o hagas. Puedes usar todo lo aprendido de la DP para ayudar a tu niño interior a moverse de la dependencia a la interdependencia. *Terapia hazlo tú mismo* te enseña cómo usar los principios de la DP y las habilidades para reeducar a tu niño interior, para mejorar tus relaciones interpersonales, sean con tu pareja, tus padres, colegas, y sobre todo lo más importante, contigo mismo.

Para entender mejor dónde se origina este paradigma de aliento, fíjate en el árbol aquí abajo:

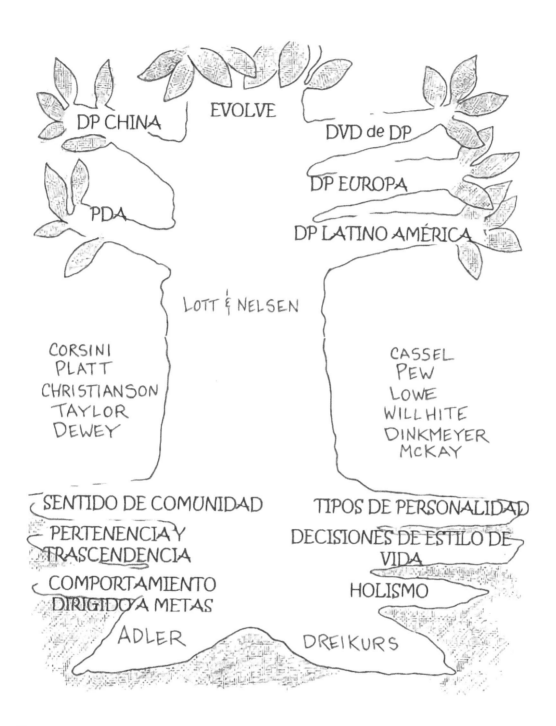

Empecemos por las raíces del árbol. Adler y Dreikurs enseñaron sobre la empatía, el sentido de pertenencia y de trascendencia, el comportamiento enfocado a metas, el aprendizaje socio emocional y un modelo de crecimiento basado en el respeto mutuo. El respeto mutuo se refiere a respetarse a uno mismo, respetar a los demás y respetar las necesidades de la situación. Tanto Adler como Dreikurs fueron grandes creyentes en ayudar a los demás a aprender habilidades para lo que ellos llamaban "vida en democracia". Además de dar conferencias públicas y demostraciones, ellos alentaban a otros a hacer lo mismo. Ellos perfeccionaron un método de solución de problemas que llamaron "Familia en el centro" (Family in Focus) que se volvió bastante popular entre los practicantes adlerianos.

Adler y Dreikurs tuvieron varios colegas y estudiantes que ayudaron a evolucionar y compartir sus ideas, de forma notable las pioneras Jane Nelsen y Lynn Lott. Notarás que Jane y Lynn forman el tronco del árbol de la DP. Entre ambas, Lott y Nelsen modificaron el modelo de "Familia en el centro" convirtiéndolo en pasos que otros podrían seguir. Ellas llamaron a estos pasos "Padres ayudando a Padres, pasos de resolución de problemas" (También el "Maestros ayudando a Maestros, pasos para resolver problemas). Quienes han estudiado DP conocen el modelo y lo usan para ayudar a otros a resolver problemas específicos.

Nelsen y Lott diseñaron distintos talleres, productos y clases, fundando juntas lo que se conoce como Disciplina Positiva. Para cuando este libro fue escrito (2014) la Disciplina Positiva se ha difundido alrededor de cincuenta y cinco países. Muchos de los estudiantes y colegas de Dreikurs que influenciaron a Nelsen y Lott aparecen a los lados del tronco.

La copa del árbol es muy emocionante y sigue creciendo cada día. No es exageración el decir que hay más de cien organizaciones enseñando las ideas de Adler/Dreikurs/DP, Incluyendo la Positive Discipline Association (Asociación de Disciplina Positiva), Disciplina Positiva en Latinoamérica, en China, en Europa y Evolve. Esperamos que muchos de ustedes leyendo este libro puedan agregar sus organizaciones a la copa de este árbol.

El modelo de enfermedad vs. el modelo salud

Este libro está dividido en ocho semanas. Cada semana agregaremos herramientas a tu caja de herramientas de autoayuda para que puedas prosperar. Aprenderás un modelo que te aclara cómo funciona la vida y qué hacer cuando no lo hace. Aprenderás que pequeños cambios de tu parte podrá traer grandes cambios en los demás. Hacer esto puede requerir un cambio de paradigma, desde un modelo que diagnostica enfermedades hacia un modelo que se enfoca en la salud.

Aquí te mostramos un ejemplo de cómo estos modelos son diferentes: ¿Te has escuchado a ti mismo o a otros hablar de "mi ansiedad" o de "mi depresión"? ¿En qué se diferencia esto de "me siento ansioso" o "me siento deprimido" (o triste, o desesperanzado, o impotente)? Cuando crees que tienes una enfermedad o una condición que está fuera de tu control o que corre en la familia, probablemente te sientas sin esperanza, o quizá incluso preocupado de que puedas heredar esta horrible enfermedad al resto de tu familia. Este es el lenguaje de un modelo de "enfermedad", que prevalece hoy en día. Esta "enfermedad" debe ser diagnosticada, etiquetada y a menudo medicada para poder mejorar.

Con el fin de generar esperanza y sanación como un Consultor de Encouragement, nosotros recomendamos que te ayudes a ti mismo y a los demás a identificar sentimientos, antes que referirse a diagnósticos. El instante que eres capaz de decir "me siento ansioso" (o desalentado, sin esperanza, o impotente) verás que usualmente hay una solución disponible. Probablemente desees sentirte diferente, pero la incomodidad de sentir algo negativo no significa que estás enfermo. Se trata de encontrar un camino hacia el aliento.

Salir del Jardín de Niños emocional

Todos tomamos decisiones cuando éramos niños. No éramos conscientes de que estábamos tomándolas o de que las estábamos guardando, pero hacíamos ambas cosas. Estas decisiones tempranas se convirtieron en nuestras "creencias fundamentales" o "lógica privada".

No es lo que sucedió en nuestras vidas lo que moldeó nuestra personalidad, sino lo que consciente e inconscientemente decidimos sobre esos eventos y circunstancias.

Muchas de estas decisiones se tomaron durante la infancia, antes de cumplir los cinco años. Imagínate salir de paseo en el auto con un niño de cinco años conduciendo. Muchos de nosotros vivimos nuestras vidas adultas de esta manera. Quizá te sorprenda descubrir cuánta influencia tiene ese niño que llevas dentro.

Este libro te ayudará a salir de este Jardín de Infantes o Kínder Emocional, de una vez por todas. Mientras leas muchas de las historias de este libro, te darás cuenta cómo las decisiones inconscientes que tomaron las personas cuando niños, están subyacentes todavía, y dirigen sus vidas todavía. Los Consultores de Encouragement aprenden a acceder hasta esos pequeños niños y ayudan a reeducarlos para que puedan crecer.

Muchos de esos niños que viven dentro, están estancados en un pensamiento de blanco y negro, seguros de que solo hay dos opciones ante cualquier situación, probablemente perdiéndose de los cientos de opciones que podrían traerles paz o soluciones en los distintos asuntos que tienen. El pensamiento en blanco y negro, mantiene sus sentimientos atrapados y atorados, incapaces de seguir adelante. Ese es el momento adecuado para buscar los grises. Buscar los tonos de gris, se vuelve más fácil cuando hablas de tu situación con alguien que tiene un punto de vista diferente al tuyo.

Una de las autoras salió en un viaje por carretera sola. Cada noche cuando hacía una parada en la zona de acampar, se tomaba mucho tiempo buscando un sitio que tuviera una mesa de picnic cerca a un enchufe, para poder usar su computadora. A veces era capaz de mover la pesada mesa hacia el enchufe, pero la mayoría de veces, pasaba dando vueltas en círculo hasta encontrar el sitio donde la mesa y el enchufe estén uno al lado del otro. Una noche mientras se quejaba con su esposo, sobre lo difícil de su situación, él se rió y preguntó "¿Por qué no compras un cable de extensión?" La sugerencia la tomó por sorpresa, esa solución tan simple y tan obvia no se le había ocurrido. Cuando estás entre una roca y un lugar muy duro, puede ayudar contarle a alguien tus pensamientos y preguntarle si tiene alguna idea. Sin duda también encontrarás "un cable de extensión" a la vuelta de la esquina, para ti.

Algunas personas encuentran nuestro enfoque simplista. No dejes que eso te detenga. Te sugerimos que pongas en pausa tus juicios mientras lees este libro. En lugar de ver este material como positivo o negativo, bueno o malo, correcto o incorrecto, trátalo como información interesante que te puede ayudar a avanzar en tu vida.

La clave es el aprendizaje experiencial

Como sabemos que las personas aprenden mejor cuando viven la experiencia antes que cuando leen o cuando escuchan una conferencia, tenemos un gran componente experiencial en este libro. Cada semana te presentaremos actividades de Concientización y Planes de Acción que te ayuden a aprender más sobre ti mismo y los demás.

Para sacar el mayor provecho de *Terapia hazlo tú mismo* y convertirte en un Consultor de Encouragement para ti mismo y los demás, escribe tus respuestas en un diario. Sea que prefieras hacerlo en tu computador o en un cuaderno, encontrarás que guardar tus apuntes por escrito te ayudarán a crecer más rápido. Crear tu propio diario te ayudará a experimentar lo que aprendes en tu cuerpo y no solo en tu mente. También mantendrás un registro de tu crecimiento, de modo que puedas recordar los cambios que has atravesado. Leer lo que has escrito es alentador. Así mismo es un recordatorio de que si quieres ayudar a otros a sentirse mejor y que les vaya mejor, es un proceso de un solo paso a la vez. ¡El cambio no sucede en un día!

Actividad de Concientización: Cómo los estilos de crianza han impactado a tu niño interior.

¿Puedes recordar cuando tenías 5 o 10 años? Por ahora, pretende que eres un niño entre ese rango de edad. Escribe la edad. Pon atención a tus pensamientos, sentimientos, y decisiones, mientras te imaginas escuchar los siguientes enunciados, y escríbelo. Quizá te sorprendas de algunas de tus respuestas.

LO QUE CREO DE MÍ MISMA

Si creciste con muchos elogios, quizá te volviste un adicto a la aprobación, y adoras cuando otros te elogian.

Si creciste con muchas críticas, quizás seas inmune a ellas, porque aprendiste a bloquearte ante ellas.

Si deseas reeducar a tu niño interior usando la DP, sería bueno que le des tiempo a ese niño interior para que se acostumbre al lenguaje del aliento.

- Enunciado de Crítica: "Has subido tus calificaciones de 6 a 7 pero la próxima esperamos ver sólo 10".

- Enunciado de Elogio: "¡Estoy tan orgullosa de ti! Sólo mira cómo han subido tus calificaciones. Me haces muy feliz cuando te va bien en la escuela".

- Enunciado Alentador: "Vi tu reporte de calificaciones. Parece que todo ese empeño que has puesto en estudiar ha dado resultados. Te debes sentir muy satisfecho".

¿O qué tal estos enunciados?

- ! Enunciado de Crítica: "Tu habitación es un desastre. Sé que puedes ser como tu hermana y mantenerlo limpio".

- ! Enunciado de Elogio: "¡Mira tu habitación! Sabía que eres el niño más ordenado de la familia".

- ! Enunciado Alentador: "Me di cuenta que arreglaste tu habitación; seguro es más fácil encontrar las cosas ahora. También es más acogedor, cuando vengo a leer historias contigo".

¿Finalmente, qué te parecen estos?

- Enunciado de Crítica: "Necesitas dejar tu obsesión por ese gato muerto. Tampoco es que lo cuidabas mucho que digamos".

- Enunciado de Elogio: "Oh, no te preocupes más por ese gato, cariño. Tú eres muy bueno saliendo delante de los problemas y continuando con tu vida".

- Enunciado Alentador: "Lamento mucho escuchar lo de tu gato, lo querías como a un miembro de la familia. Debe ser difícil para ti este momento".

Plan de Acción: Usa el aliento para hablar con tu niño interior esta semana.

Presta atención cuando estés criticando o elogiando a tu niño interior, y fíjate en el impacto que tiene. Encuentra a tu terapeuta interno y pídele que use el estilo del aliento contigo (o con otros).

Plan de Acción: Aliento para comenzar.

Aléjate de las soluciones rápidas. Este no es un libro de soluciones instantáneas, aunque quizá te sorprenda la cantidad de dificultades que desaparecen mientras lees el libro y realizas las actividades. No hay píldora mágica para darte aliento a ti mismo y a los demás. Este es un proceso de paso a paso. Lee cada capítulo, escribe en tu diario, comparte las actividades con otros para que puedas practicarlas y alentar a otros en el proceso.

Practica y aprende en el camino, empezando ahora mismo. No esperes hasta ser un experto. Usa el material que estás aprendiendo con este libro cada semana para ayudar a otros a aprender y a crecer. Comienza un Grupo de Aliento, o si dictas clases de crianza, ofrece estos servicios a las personas que quieran ayuda adicional en sus relaciones entre adultos. ¿Ya te sientes nervioso? Ese es un signo seguro de que debes tomar un respiro profundo y un pequeño paso para seguir adelante y convertirte en el Consultor de Encouragement que estás destinado a ser.

———

El cambio es un proceso. Nuestro plan de 8 semanas te ayuda a generar un patrón de auto empoderamiento que te llevará hacia unas relaciones interpersonales más saludables al tiempo que cambias tu vida y la vida de los demás. Solo necesitas confiar en el proceso y dar un paso a la vez, a tu propio ritmo. Permítete ser un aprendiz, expande tu crecimiento paso a paso. Deja de lado la presión y honra tu ritmo y tu propio estilo para hacer cambios en tu vida.

Semana 1—
Si quieres cambiar puedes

Primero lo Primero

¿Quieres primero las buenas o las malas noticias? Como te dijimos en la Introducción, la buena noticia es que sí, tú puedes cambiar. Y la mala noticia, solo hasta que realmente lo entiendas, y más importante aún, hasta que *aceptes lo que es*, tus esfuerzos y sueños sobre cambiar estarán destinados al fracaso. Como leíste en la Introducción, La Aceptación es el tercer paso en el proceso de cambio. También es clave para un cambio real y duradero, para ambos para ti y para quienes ayudas como Consultor de Encouragement.

Fíjate en el diagrama aquí abajo. Una vez que hayas entendido este diagrama, podrás referirte al mismo para ayudarte a ti y a los demás.

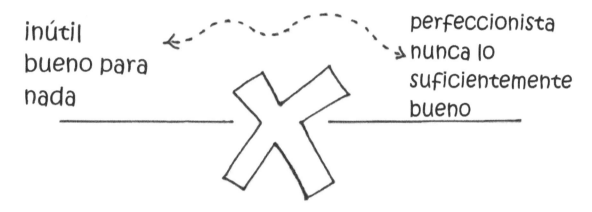

La línea representa tu vida. Tú estabas en la X cuando naciste. Eras lo suficientemente bueno tal como eras. Nosotros queremos ayudarte a volver a ser simplemente tú misma. ¿Pero quién es esa persona?

Si tú eres como cualquier otro humano, en algún momento de tu vida, tomaste la mala decisión de creer que no eras lo suficientemente buena. Ese es un punto muy incómodo para quedarse. A nadie le gusta sentirse "menos". Piensa en ese lugar como si estuviera en un punto en el menos de la línea. Fíjate en el menos del diagrama. Hay personas que llaman a este punto del diagrama "depresión". Otros lo llaman "baja autoestima" Sea como sea que lo hayas experimentado o lo hayas nombrado, es un lugar donde a nadie le gusta estar, por lo que está en la naturaleza humana tratar de compensar esas deficiencias asumidas al dirigirse a la dirección opuesta, tratando de llegar a donde crees que es un punto del *más*. Nosotros llamamos a esto sobre compensar.

A ti, al igual que a las personas a quienes deseas alentar, se les han ocurrido algunas ideas de cómo llegar a ser lo suficientemente buenos. El *más* es donde creíste que debías ir para probarte a ti mismo.

Quizá, creíste que, si eras más fuerte, o listo, o gracioso, o inteligente, o risueño o servicial, podías ser lo suficientemente bueno. Aunque no hay nada de malo con esas características, se vuelven un problema cundo crees que son el requisito necesario para evitar el *menos*. Algunas personas llaman al más "ansiedad"; otros lo llaman "comportamiento obsesivo" o "grandiosidad".

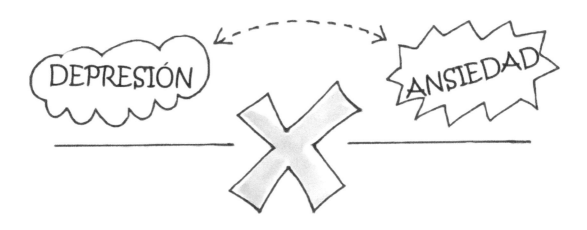

Sea que te encuentres en uno u otro extremo de la línea, sigues estando muy lejos de ser solamente tú mismo. Mientras más tratas de sobre compensar, como se representa en la línea curva, más lejos estarás de tu verdadero ser. Ir y venir entre el *menos* y el *más* una y otra vez es agotador.

Aquí te dejamos una actividad que te puede ayudar a encontrarte con un momento en tu vida, cuando creíste que estabas en el *menos,* pero descubriste cómo saltar hasta el *más.* No te olvides de tener tu diario o de abrir tu archivo del computador para registrar tus respuestas.

Como dijimos en la Introducción, si realmente quieres ser capaz de alentar a otros, debes primero hacer estas actividades tú misma. No solo que te ayudará a reeducar a tu niño interior y te sentirás más alentada; también te dará un entendimiento más profundo del impacto de las actividades, para cuando estés acompañando a otros. Algunos podrían querer practicar estas actividades con amigos o personas que quieran convertirse en Consultores de Encouragement para otros. No hay sustitutos para la práctica mientras aprendes una nueva destreza.

Actividad de Concientización: Cuando tu autoestima se dañó.

1. Recuerda una ocasión en que te sentiste triste, decepcionada, herida, o avergonzada, y tu autoestima fue dañada. Escríbelo en tu diario, incluye tu edad al momento, qué sucedió, cómo te sentiste, y lo que decidiste de ti misma. Piensa en esto como tu punto en el *menos.*

2. Ahora, intenta descubrir cómo intentaste sobre compensar y ser lo suficientemente buena. Es posible que hayas usado varios comportamientos.

Escríbelos y piensa en ellos como tu punto en el *más*. Cuando te comportas de estas maneras, ¿cómo te sientes y qué piensas de ti misma? Anota esto también.

3. ¿Puedes llegar a la X? ¿Qué si tú simplemente pudieras ser tú misma y aceptarte tal cual eres sin tener que probar nada a nadie? ¿Qué estarías pensando? ¿Sintiendo? ¿Haciendo? Escribe esto en tu diario.

Las personas nos buscan porque están estancadas en alguno de los extremos de la línea, o están como locas saltando de un lado al otro, entre el *menos* y el *más*. Algunos dicen que están siempre deprimidos. Algunos tienen ataques de ansiedad, temerosos de no poder mantener la imagen de valía que se han generado. Muchos se encuentran en relaciones que no funcionan, o necesitan ayuda con sus hijos. La frase más común es, "¿Qué está mal conmigo?" (o con mi esposo/a o con mi hijo/a, o con mi compañero, o con mi vida…etc. tú completa la frase). Esto es lo que escuchamos una y otra vez.

En nuestro esfuerzo por ayudar a las personas, les urgimos a que cambien su enfoque: desde fijarse en lo que está "mal" a enfocarse en lo que ellos pueden hacer y en cómo ellos pueden cambiar. Sería hermoso si pudiésemos tener una varita mágica para pasarla sobre los demás y cambiarlos, pero los cambios reales y duraderos empiezan con uno mismo.

Nosotros les mostramos a las personas desalentadas cómo entender la conexión entre sus pensamientos, sentimientos y comportamientos; les enseñamos herramientas de navegación que mejoren la calidad de sus vidas; y trabajamos con ellas en la concientización, la aceptación y la implementación de planes de acción que les traiga paz y alegría.

La aceptación te ayudará a empezar a crecer más allá de esos lugares de estancamiento para lograr cambios duraderos.

Algunas personas manejan mejor el cambio al intentar nuevos comportamientos. Si tú eres así, las historias y actividades del libro te ayudarán a dar un pequeño paso a la vez. Otros tienen mejores resultados al practicar nuevas formas de pensar. Para cambiar tus pensamientos conscientes puede ser efectivo, entrar debajo de la superficie para encontrar y cambiar los pensamientos de los que ni siquiera te has dado cuenta, puede traer una gran transformación. Encontrar esos pensamientos subconscientes te abre los ojos y es emocionante, y en este libro te mostraremos cómo hacerlo. El cambiar tus pensamientos o comportamientos cambia tus sentimientos. El resultado final es que te entiendes y te aceptas a ti y a los demás, experimentando paz y dicha. Tú escoges el ritmo y el proceso que te sea más confortable. No hay una sola y/o correcta forma de cambiar.

Hasta que seas consciente de esas creencias escondidas que creaste cuando niño, tenderás a usar tus viejos comportamientos para resolver problemas. Muchos de esos comportamientos podrían necesitar una actualización, para que puedas pensar y actuar de forma diferente.

Volvamos a fijarnos en el niño que conociste en la Introducción: el niño aquel que vive dentro tuyo y que está "conduciendo el auto" o dirigiendo tu vida; especialmente cuando estás estresado.

Cuando se enoja, el niño se comporta de maneras que probablemente adoptó muy temprano en su vida y que de acuerdo con la lógica del niño parecían funcionar.

Piensa en ese niño que se porta mal, como en un iceberg. El comportamiento es la parte del iceberg que puedes ver. Como con el iceberg, si solo te enfocas en lo que puedes ver, te vas a meter en problemas más adelante. Bajo la superficie están las creencias fundamentales de ese niño, tanto conscientes como inconscientes. Llamamos a esto "lógica privada" o "decisiones". Las decisiones generan energía que llamamos "sentimientos", y los sentimientos también están bajo la superficie, a menudo tan escondidos que ni el niño se da cuenta. Sin herramientas, solo puedes adivinar sobre lo que sucede debajo de la superficie. La siguiente, es una actividad que te dará mayor entendimiento sobre el poder que tiene el niño interior.

Actividad de Concientización: ¿Es tu niño interior quién está mandando?

1. Piensa en una ocasión cuando eras niño y te sentiste preocupado, asustado, enojado, herido o sin esperanza. Escribe lo que sucedió en tu diario o en tu computador. Escribe la edad que tenías.

2. ¿Qué piensas que estabas decidiendo en ese momento? Escribe. ¿Cómo intentó solucionar la situación ese pequeño niño?

3. Ahora piensa en una situación reciente en la cual te sentiste de la misma manera que cuando eras niño en tu recuerdo. Escríbelo ¿Qué decidiste ese momento? Escríbelo.

4. ¿Usaste la misma solución que usaste cuando eras niño o has actualizado tus herramientas de solución de problemas?

5. Escribe lo que has aprendido acerca de ti mismo. No te preocupes si sigues usando las mismas herramientas de solución de problemas que tenías de pequeño. En este punto lo importante es el tomar consciencia. Los cambios vendrán después.

A continuación, compartimos algunas historias de cómo tres personas estaban dejando a su niño interior al mando. Al no descubrir sus creencias infantiles o darse cuenta de sus comportamientos ineficaces, estas personas no eran capaces de hacer cambios o tener un sentido de poder y control de sus propias vidas. Ellas esperaban que las otras personas cambien, o iban a un terapeuta que les dé una píldora para su "desequilibrio químico".

Jimmy estaba molesto con su jefe, quien parecía no apreciar su trabajo o esfuerzo. Jimmy trabajaba duro, y cuando su jefe no decía nada sobre su trabajo, él trabajaba incluso más duro y horas extras. Cuando su jefe no parecía notarlo, Jimmy se quejaba con sus amigos, pero luego hacía más horas extras. Naturalmente, esto no resolvía el problema.

De niño, cuando Jimmy no entendía algo en la escuela y quería que la profesora le ayudara, en lugar de preguntar, lo que le parecía vergonzoso, simplemente pasaba más tiempo trabajando y luego se quejaba que nadie le ayudaba. Su decisión inconsciente de niño de cinco años, era que los demás no eran serviciales y que por lo tanto él debía esforzarse más. No solo que el Jimmy adulto no se daba cuenta de lo que había decidido, tampoco había actualizado su decisión de niño de cinco años, aunque ahora era un adulto. Así que continuaba solucionando problemas a sus cuarenta años desde su lógica de cinco años.

Nikki quería que la eligiesen como conejito de Pascua en la fiesta de Pascua de la escuela. Ella creía que sería divertido usar el disfraz con las simpáticas orejas y la colita esponjosa y dar dulces a todos desde su canasta colorida de Pascua. El día en que los niños podían ofrecerse como voluntarios para la fiesta, Nikki se quedó en casa, enferma con gripe. Cuando regresó a la escuela y vio la lista de los niños que habían escogido tareas para la fiesta, notó que alguien más se había anotado para ser el conejo de Pascua. Ella se sentó en su silla y lloró tanto que la profesora le envió a la enfermería. Se sentía avergonzada y herida, Nikki le dijo a la enfermera que no se sentía bien y que quería irse a casa.

Sus padres la recogieron. Se quedó en casa varios días sintiéndose enferma. Finalmente, sus padres la enviaron de vuelta a la escuela, sin saber nunca qué es lo que realmente estaba molestando a su hija. Nikki se mantuvo en su resentimiento y se rehusó a divertirse en la fiesta de Pascua.

Como adulta, cuando las cosas se ponen difíciles para Nikki, ella se aleja del trabajo, de las clases, de los amigos, porque está enferma. Luego ella espera a que alguien arregle las cosas y la haga sentir mejor, aunque nadie sabe qué es lo que le ocurre. Nikki cree que todos deberían saber por qué ella se siente mal y deberían hacer algo al respecto.

Bella era la menor de tres hermanos. Ella quería ser la jefa, pero su hermano Giani era cinco años mayor que ella y no estaba dispuesto a dejar su estatus de jefe. No le tomó mucho a Bella descubrir que si lloraba y se quejaba y gritaba, uno de sus padres vendría corriendo y reprendería, sermonearía, o castigaría a Giani, acusándolo de tratar mal a su hermanita pequeña. Le mandarían a su habitación, dejando a Bella con su hermana, la hija mediana, un año mayor. La hija mediana era una niña del tipo "vive y deja vivir" se sentía conforme cuando alguien más estaba al mando, así que dejaba a Bella ser la jefa todo lo que quisiera. Las niñas jugaban pacíficamente cuando estaban solo las dos.

Cuando Bella creció, tenía su propio negocio y era exitosa y poderosa. Pero cuando debía trabajar con otros a quienes también les gustaba estar al mando, sacaba sus herramientas de la infancia de hacer que los otros se metan en problemas y que la "competencia" sufra o desaparezca. A menudo se quejaba de no tener muchos amigos y de sentirse agobiada porque debía hacer todo por sí misma. No se daba cuenta que necesitaba reemplazar sus herramientas de niña de cinco años con formas más respetuosas de relacionarse.

Como con Jimmy, Nikki, o Bella, si la vida no empata con tus expectativas, experimentas estrés. Mientras más grande es el espacio entre tu idea de cómo la vida *debería ser* y como la vida *realmente es*, mayor será el estrés. Mientras más estresado estés, más fácil será que dependas en las decisiones de tu niño interior y los comportamientos que perfeccionaste siendo niño, pero no actualizaste mientras te hacías mayor. Leerás mucho más al respecto a lo largo del libro.

Reeducando a tu niño interior

Ahora tienes la oportunidad de reeducar a tu niño interior. Este libro es acerca de optar por tener un control consciente sobre tu propia vida. Es acerca de convertirte en tu propio Consultor de Encouragement, mientras te reeducas, capacitas y regulas, a la vez que construyes habilidades y te enfocas en soluciones.

Mientras lees el libro, te darás cuenta que nuestro enfoque difiere de muchos de los modelos actuales de autoayuda. Nosotros no te ayudamos a buscar una causa, circunstancia, persona, o desorden psicológico al cual culpar por tus problemas. En su lugar, te ayudamos a reconocer cómo los problemas están enraizados primariamente en la calidad de las relaciones que tienes, incluyendo la relación más importante que tienes, la relación contigo misma.

Plan de Acción: Palabras de Aliento

Para muchas personas, el darse cuenta es suficiente para generar el cambio. A otros, les ayuda el tener un plan de "cosas que hacer". Si tú eres una de esas personas, realiza la actividad a continuación, y busca todos los Planes de Acción que hay en el libro.

1. Piensa en un número entre el 1 y el 18.

2. Piensa en la época en que tenías esa edad. Ahora céntrate en una ocasión específica en que tenías esa edad, y recuerda algo que sucedió. (Podrías inventarte una historia si un recuerdo específico no se te ocurre)

3. ¿Qué estaba el niño en tu recuerdo pensando, sintiendo y haciendo?

4. Pretende que el niño (Sí, tu niño interior) está sentado a tu lado en el sofá. ¿Podrías darle a ese niño alguna palabra de aliento desde tu ser adulto? ¿Qué le dirías? Esto puede ayudar a tu niño interior a actualizar sus herramientas para lidiar con las situaciones.

5. Escribe estas palabras de aliento que le dijiste a tu niño interior y repítelas para ti en alguna situación real que suceda esta semana; cuando puedas sacar provecho de la voz de la experiencia.

Rick realizó la actividad y escogió el número 9. Su recuerdo era de ser un niño de nueve años que corría en la oscuridad en un sitio de picnic, divirtiéndose como nunca. Él tenía una energía interminable. En el recuerdo, él pensaba *"Esto es tan divertido, y tengo tanta energía, se siente como si corriera como el viento. Prácticamente estoy volando sobre el piso."* Él se estaba sintiendo eufórico, como si tuviera energía inagotable y como si pudiese correr y no cansarse ni agitarse. Lo que estaba haciendo era correr de un lado a otro. Cuando se imaginó a su niño interior sentado a su lado en el sofá, le dijo *"Realmente disfrutas de correr de un lado a otro y ser desaforado, ¿cierto? Debe ser muy divertido".*

Durante la semana siguiente, Rick se fijó en su lista de cosas por hacer de veinticinco páginas y se sentía cansado y agobiado. Recordó el ejercicio y repitió las palabras que había escrito, en voz alta. *"Realmente disfrutas de correr de un lado a otro y ser desaforado, ¿cierto? Debe ser muy divertido".* Se preguntaba cómo se suponía que eso podía ayudarle. Se dijo a sí mismo, *"Cuando me siento agobiado, me torno irritable y pierdo energía".*

Se dio cuenta que el recuerdo era acerca de cómo él deseaba que la vida *pudiera* ser, y cómo pensaba que la vida *debería* ser. Luego reflexionó, *"Pero aquí es donde estoy ahora"*, lo que le llevó a darse cuenta que podía dar un paso atrás y poner su situación actual en perspectiva, considerando la calidad de su vida y bienestar en general. Eso le llevó a otro pensamiento, *"Es solo trabajo, es solo un trabajo, no soy yo, y no es toda mi vida. ¡Puedo relajarme y salir a caminar, ir al gimnasio, y comer un poco de chocolate!"* ; y se sintió mucho mejor.

Cálmate y tómate tu tiempo. Permítete ser un aprendiz.

Probablemente no aprendiste a cambiar tu vida en casa o en la escuela. Tal vez no tuviste acceso a esta información siendo adulto. La gente en nuestra sociedad normalmente está buscando un arreglo rápido. Pero no hay arreglos rápidos, no hay algo que cambie todo de manera instantánea. En su lugar, podrías trabajar para ganar mayor entendimiento profundo de cómo la calidad de tu vida depende de la salud y satisfacción de todas tus relaciones, incluso la relación contigo mismo.

Eres una persona compleja, te tomó años formar tu personalidad. El cambio es un proceso. Este libro te ayuda a empezar un patrón de auto empoderamiento, que te ayudará a cambiar tu vida y tus relaciones. Sólo necesitas confiar en el proceso y seguir adelante, un paso a la vez, a tu propio ritmo. Cuando termines, te encontrarás en el asiento del conductor de tu propia vida. (Mientras tu niño interior, estará apropiadamente, sentado en el asiento del pasajero, ¡ja!)

Para tu conocimiento, nadie va a terapia diciendo, *"Me siento genial. Mi vida es perfecta. Vine solo de visita."* El cambio no sucede cuando todo va bien. Las personas buscan cambiar cuando no les gusta cómo están yendo las cosas o cómo se están sintiendo o cómo alguien más se está comportando.

Mientras vayas leyendo este libro, estarás inmerso hasta las rodillas en el proceso de cambio. No te atasques en Los cinco obstáculos del cambio. Estas son todas distracciones que sólo te retrasarán.

Los cinco obstáculos del cambio

1. Buscar formas de cambiar a otras personas.

2. Pedir un diagnóstico y la medicina que va con el mismo mientras buscas una cura milagrosa.

3. Continuar haciendo eso que nunca te ha funcionado en el pasado, pensando que si lo haces durante el tiempo suficiente seguro funciona.

4. Compararte con los demás.

5. Preocuparte por problemas que no tienes.

Para poder cambiar tu vida, debes estar dispuesto a hacer el trabajo para cambiarte a ti mismo. No tienes que pasar el resto de tu vida sintiéndote victimizada e impotente. Cambiarte a ti misma crea milagros al principio, a todos les va mejor y se sienten mejor, y de igual manera te pasará a ti.

Las personas de tu vida, incluyéndote a ti misma, se sentirán llenas de esperanza y menos desalentadas. ¿Recuerdas cuando estabas en el preescolar? Recién estabas comenzando, y no había expectativas. Nos gustaría que adoptes la misma actitud sobre cambiarte a ti misma ahora. Estás exactamente donde deberías: al principio. Permítete ser una principiante y una aprendiz, expandiendo tu crecimiento paso a paso.

Recuerda que estás bien tal como eres y que tu valor no es condicional, no depende de si los cambios que logras son perfectos o rápidos. Despídete de la presión. Honra tu propio ritmo y estilo para lograr cambios en tu vida.

Actividad de concientización: ¿Cuál es el mejor camino para cambiar?

Piensa sobre algo que has cambiado en tu vida y escribe al respecto. Luego, lee lo que escribiste y fíjate si puedes identificar si tu cambio empezó al cambiar tus pensamientos, tus sentimientos o tus acciones. Nota cómo el cambio en una de esas áreas afectó el cambio en las otras. Toma notas para ti misma sobre cómo haces cambios y qué funciona mejor para ti.

Sofía escribió que anteriormente se había sentido amenazada y abusada por una colega. Pero recientemente, se estaba sintiendo más amigable hacia ella, y estaba disfrutando más de su compañía. ¿Cómo pudo suceder esto? Cuando lo pensó, recordó el momento cuando cambió su enfoque en esperar que su colega cambie en lugar de pensar en lo que ella misma podía hacer diferente. Ella se dio cuenta que sus respuestas eran muy defensivas y no le gustaba ser así. Ella decidió que podría reemplazar el estar a la defensiva con curiosidad. Aunque no tenía éxito todo el tiempo, reconocía que estaba progresando. Al cambiar primero sus pensamientos, Sofía fue capaz de cambiar sus acciones, notando cuando estaba a la defensiva, y tratando nuevamente en ser más curiosa. Le gustaba cómo se sentía y estaba deseosa de mantener su nuevo comportamiento.

Los pensamientos, sentimientos y acciones están interconectados. Hacer cambios en una de estas áreas cambiará también las otras; así es como funciona a terapia. Cuando cambias tus acciones, tus pensamientos y tú misma cambias. Cuando te sientes mejor te va mejor. Si te encuentras sintiéndote desalentada porque el cambio no sucede tan rápido, recuerda que en terapia el cambio es un proceso, no un lugar de destino. No hay una línea de llegada, por tanto, tu decisión está en cómo haces el viaje. Te recomendamos tomar pequeños pasos, alentarte a ti misma y darte palmaditas en la espalda por tu esfuerzo. Los resultados serán mejores que si esperas que el mundo cambie a tu alrededor.

No importa cuál es tu estilo de cambio, en algún punto, necesitas intentar tus nuevas habilidades en el mundo real. Tómate tiempo para implementar y practicar las sugerencias que encontrarás en este libro. No podemos decirlo lo suficiente, sólo con la práctica mejorarás.

Actividad de concientización: ¿Cambiar o no cambiar? ¡Pregúntale a mis pulgares!

Intenta este sencillo experimento para que veas por ti misma lo desafiante que puede ser el cambio y la importancia de la práctica diaria. Cruza tus manos entrelazando tus dedos y mira cuál de los pulgares está arriba. Ahora separa tus manos y crúzalas nuevamente, pero con el pulgar opuesto en la parte superior. Sostén esta posición durante un minuto y pon atención a lo que pasa con tu cuerpo.

¿Te sientes incómodo? ¿Quieres regresar a la primera posición habitual? Esta misma incomodidad y la tendencia a regresar hacia lo conocido probablemente surja cuando empieces a seguir las sugerencias en este libro. No te preocupes. Son solo los impulsos del cerebro y los patrones arraigados intentando alcanzar a tu nuevo deseo.

Plan de Acción: ¿Pulgares arriba? ¿Pulgares abajo?

Puedes convertir este experimento en un plan de acción al cambiar el cruce de tus dedos una docena de veces al día. No solo que será un recordatorio del esfuerzo que toma el cambio, pero también te ayudará a ver, que, si practicas, puedes mejorar en cualquier cosa.

La historia de Roberto es un buen ejemplo de cómo se ve hacer un cambio a tu propio ritmo. Él tenía un conflicto por sentirse incómodo y ser demasiado silencioso en las reuniones sociales. Mientras más inseguro y ansioso se sentía más silencioso se ponía. Cuando finalmente hablaba, tartamudeaba y demoraba en buscar la palabra correcta hasta que la gente parecía perder interés en la conversación. Estaba seguro que cuando la gente le interrumpía, cambaba el tema, o se iba a buscar bocaditos, era porque se aburrían con él. Roberto quería sentirse relajado e incluido en situaciones sociales. Después de todo siempre debía atender frecuentemente a eventos de empleados en su trabajo.

Mientras Roberto empezó a fijarse en sus pensamientos internos, se encontró pensando que no era tan capaz como otros en eventos sociales, y eso lo hacía sentirse ansioso. Se dio cuenta que se estaba comparando con otros y que estaba arruinando su propia diversión porque creía que no estaba a la altura. Su creencia era que todos los demás estaban muy seguros y que solo él estaba nervioso. Nunca se le ocurrió que otros también podrían estar sintiéndose tan incómodos como él, o que manejaban su incomodidad de forma diferente. Como nunca examinó sus percepciones, el único consejo que obtuvo era de sí mismo. Esta auto decepción lo mantuvo atorado en sus propios patrones de pensamiento equivocado.

Roberto decidió tomar acción y examinar sus creencias en lugar de solo darles vuelta en su cabeza. Un día se dirigió hacia su compañero de fútbol, Ted, un colega que conversaba sobre las funciones en la empresa, y le preguntó cómo se las arreglaba para estar siempre tan relajado. Ted se rió, le dijo que él y su esposa habían estado hablando justo de este tema. Su esposa había observado que cuando se ponía nervioso e inseguro en las fiestas, Ted parloteaba y monopolizaba las conversaciones. Mientras que cuando la esposa de Ted, estaba ansiosa, se quedaba cerca de la mesa del bufé y pasaba picando comida toda la noche, algo que nunca hace cuando está en casa.

Roberto estaba muy sorprendido de ver que muchas de las personas que menos aparentaban estar ansiosas, estaban sintiéndose tan mal como él. Cuando cayó en cuenta que no todos eran tan seguros como aparentaban, Roberto se sintió más tranquilo. Se dio cuenta que estaba en un error al asumir que sus acciones eran causadas por lo que él decía o hacía, y que, por el contrario, ellos simplemente estaban actuando desde su propia incomodidad.

Ted ayudó más a Roberto al contarle algunos de sus trucos para estar más cómodo en eventos sociales, que había aprendido con el tiempo. Por ejemplo, le explicó que si se daba cuenta que empezaba a parlotear, se recordaba a sí mismo enfocarse y mostrarse interesado en lo que los demás tenían que decir. Entonces, se mostraría curioso y haría preguntas. Ted le explicó que la mayoría de personas disfrutan hablando de ellas mismas. Cuando recordaba dar la oportunidad a los otros para expresarse, usualmente él se sentiría más relajado. Las conversaciones fluían más naturalmente, y él estaba genuinamente interesado en lo que los otros pensaban, y sentían, en lugar de preocuparse por cómo los otros le veían.

Roberto tomó a pecho el "secreto" que Ted le había compartido, y mientras trabajaba en lograr sus propios cambios, se sentía más alentado. No pudo cambiar su vida social de la noche a la mañana. (¡Recuerda esos pulgares!) Así no es como ocurre el cambio, ni para Roberto ni para nadie. El cambio es un proceso continuo.

El cambio puede ser difícil

A menudo el cambio implica dar dos pasos hacia adelante y uno hacia atrás. Piensa en el cambio en términos de aprender un idioma nuevo, o un deporte o a tocar un instrumento musical. Al inicio, te sientes raro e incómodo, y se te dificulta ver cualquier progreso. Luego podrías ver el progreso que has hecho, pero todavía debes concentrarte en cada movimiento que haces. Es solo después de mucha práctica que la nueva habilidad se torna natural.

Si eres como la mayoría de personas, podrías pensar que no es justo tener que trabajar tan duro para lograr cambios. Es humano esperar que los otros cambien primero. Todos arrastramos los pies cuando se trata de hacer algo constructivo para hacer mejores nuestras vidas. Algunas personas llaman a no querer cambiar "resistencia" pero nosotros preferimos llamarlo "naturaleza humana". Los viejos hábitos y los patrones enseñados son difíciles de romper.

Una diferencia entre los adultos y los niños es que los niños son científicos. Ellos intentan algo, y si no funciona, intentan algo nuevo. Los adultos por el otro lado, intentarán algo, y si no funciona, seguirán haciendo la misma cosa, una y otra vez, esperando obtener un resultado diferente. Si un adulto está intentando cambiar a alguien más, quizá él o ella dará una clase de historia, diciendo "Te he dicho una y mil veces" o "Cuántas veces tengo que enseñarte como…" No solo que los adultos tienen años de práctica repitiendo los mismos patrones que no funcionan, ellos incluso podrían tener mucho qué ganar quedándose tal cual, como Don.

Don era el chico en su familia que tenía la reputación en su familia de nunca comer frutas o vegetales. Obtenía mucha atención por rehusarse a comer ciertas cosas, y muy pronto su lista de alimentos "prohibidos" creció más y más. Eventualmente su familia, se empezó a referir a él como "el más quisquilloso comensal del mundo". Don no estaba dispuesto a dejar este título tan fácilmente, por alguna razón le hacía sentir especial e importante. Reportó que cuando fue a la universidad y a nadie le importaba si comía o no, se le hizo más fácil probar nuevos alimentos. De todas maneras, romper el hábito de casa era demasiado difícil. Su familia estaba tan acostumbrada a molestarle por sus hábitos alimenticios que lo continuaban haciendo aun cuando Don había cambiado sus costumbres.

Tus cambios impactan a todos

Solo porque decidas cambiar, no significa que las personas a tu alrededor se sentirán cómodas cuando actúes diferente. Quizá intenten que regreses a tus viejos comportamientos para aliviar su propia incomodidad o miedo. Incluso podrían dificultar tu cambio al criticarte, haciendo alianzas a tus espaldas, o chantajeándote emocionalmente, o usando abuso emocional, o amenazas. A veces podrías pensar que es más fácil volver a tus formas anteriores porque otros no están satisfechos o no cambian ellos mismos lo suficientemente rápido. Cuando la gente a tu alrededor se siente incómoda junto contigo, mantente firme a pesar de su desagrado. Solo porque tú estás cambiando no significa que todos estarán contentos con ello o dispuestos a cambiar ellos mismos. La única persona a quien puedes cambiar es a ti mismo. Mientras más te empeñes en mejorar tus habilidades y actitudes, más les invitarás a una eventual aceptación y un cambio positivo de los demás.

En el caso de Don, se recordó a sí mismo que no siempre se sentiría cómodo haciendo cambios, en especial cuando se trataba de comportarse diferente frente a su familia, peros se permitió seguir intentándolo, a pesar de las burlas que obtenía. Se felicitaba por practicar sus nuevos pensamientos, sentimientos y acciones. Se dio cuenta que podía fortalecerse al practicar lejos de casa antes de intentar su nuevo comportamiento con su familia. Con el tiempo, los miembros de su familia dejaron de molestar y ajustaron sus expectativas, una vez que se dieron cuenta que el cambio de Don iba en serio.

Actividad de Concientización: Etiquetas de la Infancia

¿Recuerdas algunas de las etiquetas que tuviste en tu infancia? Escríbelas. ¿Cómo estas dieron forma a tu vida? Escribe eso también.

¿Estas etiquetas te han ayudado a ser mejor persona o te han frenado el poder avanzar? Escribe lo que significaría para ti soltar alguna de estas etiquetas. Haz algunas hipótesis de cómo las personas alrededor tuyo manejarían este cambio.

Margarita manejó el cambio de forma diferente a Don. Margarita luchó con su sexualidad por muchos años, y después de mucha búsqueda, terapia y experimentación, se dio cuenta de que era lesbiana. Para ella, era tanto un alivio y un obstáculo. Empezó a salir con mujeres y se sintió mejor de lo que nunca se había sentido con ella misma. Al mismo tiempo, le preocupaba más y más el qué decirle a sus padres. Estaba segura que nunca aceptarían su preferencia debido a sus creencias religiosas.

Mientras su padre estuvo con vida, Margarita nunca pudo contarle la verdad. Un año después de su muerte, decidió que era tiempo de ser honesta con su madre. Margarita odiaba la decepción, se sentía alienada de su propia familia, y quería que su madre conozca a su pareja de casi un año, Alicia. Estaba acostumbrada a proteger a su madre de la verdad o pretender hacer lo que sus padres querían con el fin de mantener la paz.

Sin embargo, después de un duro trabajo para abrirse y ser honesta respecto a su propia sexualidad, ella ya no tenía la paciencia para las mentiras y el engaño.

En una difícil conversación, Margarita le contó la verdad a su madre y le habló de su pareja. Aunque Margarita sabía que sería difícil, no estaba preparada para la respuesta que tuvo. Ella pensó que sería posible tener una conversación, pero en su lugar, su madre citó la Biblia, acerca del mal de la homosexualidad e insistía que sería algo que se le pasaría a Margarita.

En lugar de tratar de convencer a su madre de cambiar de parecer, o de volver a sus modos anteriores de cumplimiento y cuidado o sigilo, Margarita dijo, "Mamá, te amo mucho y sé que esta es una información chocante para ti. No espero que lo entiendas o que lo aceptes lo que te estoy contando sobre mí, en especial con tan poquito tiempo para procesar. Pero quiero que sepas que, aunque no voy a cambiar mi sexualidad, la puerta para poder hablar sobre esto y tus sentimientos al respecto estará siempre abierta. Espero que sigamos siendo amigas y podamos pasar tiempo juntas."

Su madre lo pensó por un momento y dijo, "En verdad necesito algo de tiempo. No traigas a tu amiga a mi fiesta de cumpleaños la próxima semana. Es demasiado pronto para mí. Te amo y quiero estar cerca de ti, pero no tengo claro qué puedo hacer. Sólo déjame ver."

Aprende a tomar pequeños pasos

Margarita entendió que sólo porque ella había cambiado, no significaba que todos a su alrededor iban a cambiar también. Se resistió a pensar demasiado lejos en el futuro, a tener metas poco realistas, o a apegarse demasiado a algún resultado deseado. Sabía que estas eran trampas que dificultarían el cambio. De todos modos, sabía que debía dar un paso si deseaba tener una relación con su madre.

Encontramos que las personas, muy a menudo tienen expectativas poco realistas sobre cómo ocurre el cambio. Se dan por vencidas porque piensan que está tomando demasiado tiempo o es demasiado trabajo. Ellas no saben que las cosas a menudo se ponen peor antes de mejorar, y que la parte dura o difícil es el lugar incorrecto para darse por vencido o renunciar.

Sabemos que el cambio va a suceder cuando sigas las sugerencias, incluso si se sienten artificiales y raras al inicio. Eventualmente, mirarás atrás y te darás cuenta que lo que empezó sintiéndose incómodo se ha convertido en un nuevo comportamiento o habilidad que ya es parte de ti y que has adaptado a tu personalidad y estilo único. La vida es un proceso y no hay línea de meta. Es cómo la vives y no lo que logras, lo que te trae paz, tranquilidad, salud y felicidad.

Plan de Acción. Mis pasos hacia el cambio

1. Escribe algo que estés listo para cambiar.

2. Piensa en el paso más pequeño que podrías dar. Quizá podría ser contarle a un amigo que estás listo para hacer un cambio. Quizá podría ser escribir una nota para ti mismo y pegarla en el espejo del baño. Podría ser contarle a alguien cuya opinión valoras que estás pensando en hacer este cambio.

3. Piensa en dos "si, pero" que podrían detenerte. Aunque está en la naturaleza humana dar un paso adelante y varios hacia atrás, durante tu cambio, los "sí, pero" son la forma en cómo te convences a ti mismo de dejar de avanzar.

4. No lo pienses tanto y ¡Da ese pequeño paso!

Deja de buscar los arreglos rápidos

Otra manera de retrasar el cambio es buscar un arreglo rápido, ese que lo cambiará todo. Algunos de los arreglos rápidos más populares en la actualidad son los fármacos, tales como los antidepresivos, tranquilizantes, píldoras para dormir, entre otras. Este tipo de cambios a corto plazo podrían hacerte sentir mejor, bastante rápido, pero no solo que vienen acompañados de riesgos de efectos secundarios y de generar dependencia, pero también tienden a enmascarar, antes que solucionar, tus verdaderos problemas.

Si los sentimientos que te alertaron en primera instancia de la necesidad de un cambio se entumecen y pierdes la motivación para trabajar hacia una relación más saludable contigo mismo y con los demás, podrías terminar sintiéndote peor de cuando empezaste. Sospecha de los métodos que te ofrezcan una cura milagrosa. Un número demasiado alto de proveedores de servicios de la salud sacan ahora sus recetarios sin demasiado análisis, apenas escuchan a sus pacientes decir "Estoy deprimido" o "Me siento ansiosa".

Tanto la depresión, como la ansiedad, podrían ser simplemente uno entre tantos sentimientos que los seres humanos experimentan, desde los sentimientos placenteros que son bienvenidos, hasta los incómodos o incluso insoportables que preferiríamos nunca sentir. Igual que otro tipo de dolor en el cuerpo, los sentimientos de depresión son una señal para que pongas atención ante la necesidad de hacer algún cambio.

Pero la depresión también puede ser una especie de constelación de pensamientos, sentimientos y comportamientos que se convierten en un desaliento paralizante. De cualquier manera, sin usar fármacos, puedes hacerte cargo de tu vida y los cambios que necesitas hacer al usar los métodos descritos en nuestro libro.

Actividad de Concientización: Desenredando la Bola de Pelos de la Depresión

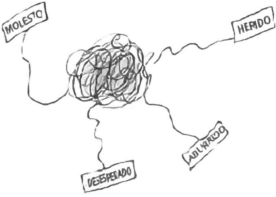

¿Te repites a menudo "Estoy deprimido"? ¿Hay alguien cerca que repite constantemente "Estoy deprimida"? La progresión normal de este tipo de pensamiento es que tú o alguien más tiene una enfermedad que sólo puede arreglarse con medicamentos. Si eres tú quien ha estado hablando de esta manera, repítete a ti mismo, que la depresión es una bola de pelos, una maraña de sentimientos. Sí sí, leíste bien, una bola de pelos, como la que sale de la garganta de los gatos al toser. Visualiza esta maraña, o dibújala.

Ahora imagínate tirando de cada una de las hebras de la maraña, y dándole el nombre de un sentimiento. Esta es una lista de sentimientos comunes: enojado, sin esperanza, desamparado, herido, molesto, inútil, frustrado, aburrido, solo, aislado, desmotivado. (Si necesitas más ayuda nombrando tus sentimientos, usa el Cuadro de Sentimientos más adelante).

Piensa en lo diferente que te sientes cuando escuchas la palabra *deprimido* en lugar de una de estas otras palabras de sentimientos. *"Deprimido"* te lleva al doctor. Cada una de las palabras de sentimientos te da esperanza de que probablemente hay algo constructivo que hacer al respecto, en especial si estás dando pequeños pasos.

Finalmente, la próxima vez que escuches la palabra *deprimido* salir de tu boca, mira si puedes decir *"quise decir enojado"* (o desvalido, aburrido, agobiado, etc.) y nota cómo te sientes haciendo ese pequeño cambio.

Una de nuestras clientes expresó lo que muchos de ustedes quizá estén pensando: "Mi doctor me dijo que lo mío es una *depresión clínica*, una enfermedad. Un buen día simplemente apareció de la nada y no pude levantarme de la cama. Eventualmente, descubrí que mucho tenía que ver con problemas en mis años de desarrollo. Pero, sin medicación, no sé cómo habría podido empezar a mejorar." Más tarde ella llegó a pensar que si hubiese tenido ayuda para explorar sus asuntos subyacentes antes, tal vez no hubiese llegado al punto de experimentar ese ataque repentino.

Puede ser que estás tomando medicación para la depresión y temes dejar de hacerlo. Después de todo, tu doctor te lo recetó. Si estás tomando antidepresivos, te animamos a trabajar en los asuntos más profundos que te trajeron hasta este punto, y que empieces de a poco a dejar los fármacos (con la supervisión de un médico) a medida que fortaleces tus habilidades para relacionarte con los demás. Hay muchos médicos que te apoyarán en esta decisión y te ayudarán a dejar la medicación de forma segura.

Usando métodos libres de drogas, hemos sido capaces de ayudar a muchas personas que habían sido diagnosticadas anteriormente con enfermedades que tradicionalmente se tratan con medicamentos.

Aún así, tenemos clientes que usar medicación junto con terapia es el mejor camino para ellos. Sabemos que muchos leyendo este libro, se sentirán resistentes a cambiar su forma de pensar sobre la necesidad de usar medicamentos. Creemos que quien mejor te conoce eres tú mismo. Nuestro trabajo es darte opciones y ayudarte a ver otros caminos al cambio para que puedas ayudarte a ti mismo. Sea que escojas usar o no medicamentos, sabemos que encontrarás sugerencias en nuestro libro que ayudarán a mejorar tu vida. Esperamos ayudar a que las drogas sean un paso de transición y no un hábito de por vida.

disciplina positiva
sentimientos

ilustraciones de Paula Gray

www.positivediscipline.com

Haz el trabajo que hacen nuestros participantes

Para implementar nuevos hábitos, alentamos a las personas con quienes trabajamos a darse el tiempo para entrenar. Hacen citas con un amigo para fortalecer su compromiso de empezar rutinas nuevas. Recomendamos que usen un calendario y escriban lo que van a hacer.

Algunos encuentran útil pretender que tienen una varita mágica para recrear la imagen de cómo esperan que sea su vida. Luego les recordamos la estrategia de *"fingir hasta lograrlo"*, comportándose como si sus vidas ya fueran diferentes. Con ese marco de referencia en mente, es un pequeño paso el imaginar el cómo sería su comportamiento o cómo se comportarían para invitar a otros a actuar de la forma que les gustaría que lo hagan.

Recuerda cómo el cambio toma tiempo, para que no te des por vencido tan fácilmente. Pedimos a nuestros participantes que intenten algo cada día por una semana, o dos, o tres, para ayudar a cambiar el patrón. Una imagen que algunos encuentran útil es pensar que hacer un cambio es como jugar al béisbol: Cuando están tentados a parar en la parte más difícil, se imaginan corriendo alrededor de todas las bases en lugar de parar en la primera base. Si todavía es muy duro, algunas personas contratan a un coach de vida o piden a un amigo que le sirva como animador (cheerleader) que les aliente a continuar trabajando. Tu podrías ser una de estas personas que ayudan si trabajas como Consultor de Encouragement.

Tú o tus participantes también pueden acceder a terapia, programas educativos, o grupos de recuperación que ofrecen enfoques libres de fármacos para la salud y el crecimiento. Estos pueden ser grandes aciertos al tratarse de lograr cambios. Al asistir y estar abiertos a personas, lugares y situaciones nuevas para ti. Te permites experimentar con diferentes formas de pensar, sentir y actuar. Solo hazlo. A veces, la mejor forma de lograr un cambio es dejar de pensar, hablar, planificar y analizar, y solo hacerlo. Decide el primer paso que darás y hazlo. Con cada paso, tu perspectiva cambia, así que aprenderás lo que necesitas para dar el siguiente paso y luego el siguiente. El mismo movimiento te va retroalimentando sobre qué hacer a continuación.

Ten el coraje para fracasar...e inténtalo de nuevo

Si te has dado por vencido y crees que no puedes cambiar, has perdido tu coraje. Coraje es saber que puedes cometer un error, y que no será el fin del mundo. Coraje significa que está bien volver a intentarlo, una y otra y otra vez. Si no logras hacerlo diferente la centésima vez, inténtalo, quizá necesites experimentarlo una vez más, la centésima primera vez tal vez sea la que te salga.

Toma una tremenda cantidad de coraje -y sentido del humor- para encarar el cambio de patrones y actitudes que has tenido durante toda tu vida. Cuando cometas un error (lo que sucederá, puesto que eres humano), lo que importa es lo que aprenderás de ello, y lo que hagas con lo aprendido. Ayuda el ser resiliente, y eso es lo que serás cuando puedas levantarte e intentar nuevamente.

El verdadero cambio está acompañado de permitirse cometer muchos errores. Los errores son oportunidades para aprender y para crecer. Muchas personas intentan esconder sus errores; o evitan cometerlos en primer lugar. ¿Cómo te sientes respecto a cometer errores? Cuando eras niño, ¿Qué pasaba si cometías un error? ¿Cómo tratas a las personas que te rodean cuando cometen un error?

Si miras a un bebé que está aprendiendo a caminar, el bebé se cae muchas veces, pero se pone de pie e intenta de nuevo. ¿Eres como el bebé, o acaso estás jugando a "la segura", paralizado para no cometer algún error? Nosotros lo llamamos a esto "seguro y estancado" Te retamos a permitirte la oportunidad de cometer errores e intentarlo de nuevo, y luego otra vez y otra vez, para que el cambio sea parte de tu vida.

El coraje es algo que se construye de pequeños pasos, al seguir las sugerencias en este libro, y así es como podrás avanzar y creer en ti mismo nuevamente. En algún momento todos necesitamos coraje para enfrentar el mayor cambio de todos: Todos debemos madurar. Podrías pensar que mientras te haces mayor, todo irá calzando automáticamente. Pero envejecer no es lo mismo que madurar. Necesitas participar activamente para hacer tu vida más saludable y feliz. Nunca es demasiado tarde para empezar a cambiar y madurar, y es más sencillo hacerlo si se tiene un plan trazado.

Semana 2—
¿Cómo llegaste a ser tú? ¿Naturaleza? ¿Crianza?
¡No!

Te vamos a dejar saber un secreto bien guardado. La mayor influencia en tu personalidad no fue la naturaleza, ni tampoco la crianza. *"¿Qué? ¡Eso es imposible!,* Nos respondes. *He puesto mucha atención al largo debate acerca si es la herencia genética o nuestro ambiente de infancia lo que tiene mayor influencia en nuestra personalidad. Todos saben que es una de las dos, la naturaleza o la crianza".* Pues estamos aquí para decirte que, aunque ambas son importantes, el mayor impacto que tuviste en cómo llegaste a ser tú mismo, son las decisiones inconscientes que tomaste desde que naciste. Son tus creencias fundamentales, tu "lógica privada", y ellas dan forma de manera única a tu personalidad. Tanto tu herencia como tu ambiente influenciaron, pero no crearon, tus decisiones inconscientes. La fórmula aquí debajo explica esta idea de cómo se desarrolló tu personalidad.

---

herencia (naturaleza) + ambiente (crianza)+
decisiones inconscientes (interpretaciones creativas)
= PERSONALIDAD

La herencia incluye tu genética. El ambiente incluye las características que estaban presentes cuando apareciste en escena: tus padres, sus valores, su estilo de crianza, la relación entre ellos, tu ambiente físico y social, tus hermanos, y tu posición en el orden de nacimiento. Mientras interactuabas con tu mundo y las personas en él, buscando una manera de pertenecer y de ser especial (distinto), hiciste un montón de interpretaciones creativas sobre quién tú eras. Estas creencias infantiles te han llevado al éxito, y quizá también te estén creando problemas.

Esta semana examinarás la influencia de estos factores en cómo llegaste a ser quien tú eres. Como la influencia de los hermanos es tan dominante, la trataremos separadamente la próxima semana.

A más de las necesidades biológicas como son el aire, la comida y el sueño, las dos más grandes necesidades humanas son la necesidad de *pertenencia* y de *trascendencia*. Esta semana daremos luz en cómo encontraste la pertenencia y la trascendencia cuando niño y cómo continúas satisfaciendo estas dos necesidades humanas en la actualidad.

Escríbelo

Te darás cuenta que hacemos muchas preguntas durante este capítulo, para ayudarte a crear consciencia de cómo llegaste a ser quien tú eres. Este sería un buen momento para crear un documento en tu computadora o tomar tu cuaderno y responder las preguntas en cada Actividad de Consciencia a continuación. Escribir tus respuestas te ayudará a

---

aprender más de ti mismo y acerca de ti mismo en relación con otras personas.

Como un Consultor de Encouragement, puedes ayudar a los clientes a entender cómo formaron su personalidad al guiarlos a través de las siguientes actividades.

La influencia de tus padres

Cuando eras niño, cuando hiciste tu entrada al escenario inmediatamente a tomar decisiones acerca de ti mismo, los demás, la vida, y cómo comportarte para poder pertenecer. Tus padres crearon el teatro, es decir el contexto para esas decisiones.

Cuando usamos la palabra "padres" nos referimos a los adultos que te proveyeron de cuidados primarios, sea que hayan sido tus padres biológicos, padres adoptivos, abuelos, niñeras, u otros. Ellos eran los directores de producción de la obra, suministrando el ambiente (crianza) como parte de la ecuación. Estableciendo el escenario y la atmósfera en la familia. Comunicando sus valores, en los cuales tú, basaste tus decisiones de cómo las personas deberían o no deberían comportarse. La forma en que te criaron y te disciplinaron impactó (pero no determinó) todas tus creencias en desarrollo, acerca de ti mismo, los demás, la vida y tu propio comportamiento. Te dieron hermanos, sea a través de su nacimiento o por adopción, o porque se volvieron a casar. Examinaremos estas influencias ambientales una por una, para ayudarte a entender más sobre ti mismo.

Actividad de Concientización: ¿Cuál fue la influencia del estilo de crianza de tus padres?

¿Eran tus padres tolerantes? ¿Permisivos? ¿Usaron el castigo físico o abuso emocional para motivarte? ¿Fueron negligentes? ¿Te descuidaron? ¿Tenían favoritos? ¿Qué decisiones has tomado sobre la forma en que te criaron?

Susana creció en una familia numerosa en una zona rural. Se esperaba que los niños se levanten al amanecer y ayuden con las tareas de la casa y ayuden a cuidar a los más pequeños. Si alguien fallaba en cumplir su tarea asignada, uno de sus padres lo perseguiría con un cinturón, amenazando con pegarle mientras el otro padre observaba horrorizado. Susana decidió que cumpliría con lo que se esperaba de ella y no meterse en problemas. Trabajaba muy duro para no equivocarse, pero a veces fallaba. Para evitar el cinturón, ella decidió ocultar su error o culpar a uno de sus hermanos.

El papel del ambiente

En el teatro de tu vida, cuando saliste a escena, ¿Cómo era el escenario? ¿Estaba lleno de gente y había mucho ruido? ¿Creciste en el silencio de una zona rural? ¿Qué idioma se hablaba en tu familia o tu vecindario? ¿Qué costumbres podías observar? ¿Habían lagos, ríos, montañas, valles, playas o cemento? Tu entorno físico invita a diferentes tipos de decisiones. Si creciste en un departamento en un edificio muy alto en una gran ciudad, probablemente tengas una visión del mundo diferente que alguien que creció en un pueblito rural o en una comunidad agrícola.

Shirley creció en una comunidad luterana en un pueblito pequeño del medio oeste ubicado en la orilla de uno de los Grandes Lagos. Su familia era la única familia judía en el vecindario y los chicos del barrio la molestaban con frecuencia. Shirley no sabía por qué la molestaban, ella pensaba que eran sus amigos. Shirley decidió, "Debe haber algo malo conmigo y no sé qué es. No me gusta que me molesten. Me duele. Trataré de ser más como los demás esperando que eso ayude. Voy a pretender que no soy judía." ¡Qué diferente será la visión del mundo que tiene Shirley de la de un niño judío que ha crecido en un barrio predominantemente judío en una gran metrópoli! Las creencias de Shirley sobre no encajar, fueron influenciadas parcialmente por su ambiente en la infancia.

Actividad de Concientización: ¿Cuál fue la influencia del Ambiente en tu infancia?

Piensa en la comunidad y el lugar donde naciste y viviste tus primeros años. ¿Cómo el crecer en ese entorno influenció en la persona que eres hoy en día? ¿Qué interpretaciones creativas (decisiones) has tomado basándote en el entorno en el que creciste?

La influencia de la atmósfera familiar

El escenario ya estaba armado antes de que nazcas. Si alguien describiera la atmósfera de tu infancia, ¿Qué dirían? ¿Era alegre y feliz?

¿Oscuro y tormentoso? ¿Ordenado y predecible? O ¿Caótico e impredecible? ¿Miedoso o seguro? ¿Cálido y amigable? O ¿Frío y poco acogedor? Todo esto tuvo un profundo efecto en tus sentimientos, expectativas y creencias. Tu atmósfera familiar fue creada por tus padres, a través de las formas en que se relacionaban entre ellos, la forma en que te criaban, en cómo eran ellos como personas, y en cómo organizaban la casa y la familia.

Actividad de Concientización: ¿Cómo influyó tu atmósfera familiar?

Escribe cómo describirías la atmósfera de la familia en la que creciste. ¿Cómo el crecer en esa atmósfera influenció a la persona que eres hoy en día? ¿Qué decisiones tomaste acerca de la vida, los demás, y sobre ti mismo que aún cargas contigo?

En la familia de Kevin, la violencia era la rutina de cada noche. Los platos se rompían contra la pared y los cubiertos volaban a través de la cocina. Kevin y su hermana, Joyce, corrían a esconderse donde podían. Mientras, sus padres continuaban bebiendo y los gritos iban y venían. Las tardes frecuentemente terminaban con el padre de Kevin golpeando a su madre, quien se quedaba dormida sollozando en el sofá. A la mañana siguiente actuaban como si nada hubiese pasado.

Lo que Kevin no sabía es que él estaba construyendo sus creencias fundamentales, su propia lógica privada, acerca de las relaciones entre varones y mujeres, creencias que lo meterían en problemas mientras crecía. Él decidió que los varones eran quienes resolvían los conflictos, usando métodos físicos si era necesario. Él creía que debía ser el ejecutor cuando las cosas se salían de las manos en la familia, tal como su padre lo había hecho.

Un día, Joyce entró a la habitación de Kevin, y tomó prestadas unas tijeras y pegamento. Cuando Kevin la atacó verbalmente, Joyce empezó a ponerle sobrenombres. Su pelea rápidamente escaló a una confrontación física. Su madre se horrorizó cuando Joyce vino hacia ella gritando y sangrando porque Kevin le había lanzado un camión de juguete a la cabeza. El mundo de Kevin y Joyce había sido tan caótico y tormentoso cuando eran niños que no era de sorprenderse que el patrón continuó en la adultez. Kevin terminó en un grupo de prevención de violencia machista, mientras que Joyce pasó años como una esposa maltratada.

La influencia de los valores de tus padres

¿La obra de teatro de tu vida fue una comedia o una tragedia? ¿De qué trataba la historia o cuál era el título? En todas las familias, hay asuntos y temas importantes para ambos padres (cuando hay más de uno), a estos asuntos los llamamos "valores familiares".

Si fuiste criado por uno solo de tus padres, probablemente muchos de tus valores vinieron de abuelos o de la comunidad extendía que ayudó en tu crianza. Sea que los adultos significativos en tu vida estaban de acuerdo o no, tú y tus hermanos asimilaron sus mensajes de una u otra manera.

Toda familia tiene valores, pero no todos los valores familiares son los mismos. Quizá alguno de los siguientes enunciados te resume: *"El trabajo antes del juego"*, *"Es importante estar físicamente en forma"*, *"Da a los que no tienen"*, *"No hables, no cuentes, no compartas"*.

La actitud de tus padres sobre estos y otros asuntos influenciaron los cientos de interacciones que tuvieron cuando eras un niño. Estabas expuesto a esos temas todos los días. Eventualmente, tú decidiste aceptar los mensajes o rechazarlos. Los niños rara vez toman una postura neutral ante los valores familiares. Por lo tanto, tus decisiones se tornan en los pensamientos de *"debería"* en tu sistema de creencias inconsciente que guía tu vida: *"Las personas deberían tener una buena educación"*; *"Las personas deberían asegurarse de ser autosuficientes"*; *"Las personas deberían velar por los demás antes que por ellas mismas"*; *"Las personas no deberían ser materialistas"*; o *"Las personas no deberían nunca hablar de cosas personales con desconocidos"*.

Actividad de concientización: ¿Cómo influenciaron tus valores familiares?

¿Cuáles son algunos de tus valores familiares? ¿Cuáles eran los valores familiares acerca de la enfermedad, sobre el dinero, los logros, el trabajo, el alcohol y las drogas, la sexualidad, los roles femeninos y masculinos, o cualquiera de los temas de los que se habló antes? Escribe tu respuesta.

Daniela creció en una familia donde ambos padres pensaban que una buena educación era esencial para ser un ser humano valioso. Aunque ninguno utilizaba estas palabras, ambos estaban fascinados con los proyectos escolares de sus hijos, asistían a cada presentación y función de la escuela, y se molestaban cuando sus hijos no trabajaban lo suficiente para obtener buenas calificaciones.

Desde el principio, al hermano de Daniela, Marco, no le iba muy bien en la escuela. Cada noche Marco y su padre batallaban con las tareas. Su padre esperaba que esté perfecta antes de entregarla. A Marco, por el otro lado, no parecía importarle mucho y no comprendía lo que se supone debía hacer. Aunque logró graduarse de la secundaria, Marco juró jamás volver a poner un pie en un aula de clase.

Siendo un joven trabajador de la construcción, Marco se convirtió en un talentoso artesano, con ojo para el detalle y nunca estaba satisfecho hasta que un proyecto esté terminado perfectamente. Al mismo tiempo, no quería considerar sacar su propia licencia de construcción porque implicaba tomar un curso y estudiar para pasar un examen.

Daniela, por el otro lado, amaba la escuela. Se enorgullecía de sus calificaciones y la calidad de su trabajo. Ella tomó cursos universitarios estando en el bachillerato y obtuvo un título universitario avanzado. Más tarde en su vida, siguió tomando cursos en lo que le interesaba para así expandir su conocimiento.

La influencia de las personalidades de tus padres.

Piensa en esos personajes principales adultos, el "padre" en la obra de tu vida. Su personalidad y su comportamiento ayudaron a establecer el tono que influenció tu perspectiva de la vida, así como tus ideas de cómo son o deben ser los varones y las mujeres. En caso de que haya habido un solo padre, ¿Dónde buscaste modelos de adultos del otro sexo, que te ayudaron a decidir cómo deberían ser los varones y las mujeres?

Actividad de concientización: ¿Cómo influyó la personalidad de tus padres?

¿Qué tipo de persona fueron tus padres? Piensa en tres adjetivos que usarías para describir a cada uno, según cómo los recuerdas cuando estabas creciendo. Escríbelos.

La madre de Dylan y John era creativa, energética y optimista. No parecía preocuparse, creyendo que todo saldría bien. Ella tenía fe en que las personas podían lograr cualquier cosa que se propusieran. Si estaba trabajando en algún proyecto y alguien le decía "no puedes hacer eso" ella encontraba otras formas de lograrlo.

El padre de Dylan y John era serio, trabajador que pasó su vida proveyendo a su familia. Su ingreso estable (aunque modesto) le permitió a su esposa involucrarse activamente en las causas que la apasionaban. Ella trabajó para mejorar el currículo de la escuela local y encabezó un comité para mantener un programa de música que no tenía presupuesto.

Dylan y John participaron en un taller en el cual aprendieron cómo formaron sus personalidades. Dylan se dio cuenta que había arrancado una página del libro de su madre, concluyendo que *"La vida es un lugar donde todo es posible si eres lo suficientemente persistente"*. Las quejas que tenia de su novia de que nunca aceptaba un "no" por respuesta ahora le hacían sentido.

John veía a la familia desde otra perspectiva. Se dio cuenta que su decisión había sido *"Los varones deben trabajar para proveer, mientras que las mujeres obtienen lo que quieren"*. Finalmente entendía por qué no era capaz de resolver algunos asuntos con su compañera de trabajo, una mujer, cada vez que tenían un desacuerdo.

La influencia de la relación entre tus padres.

Tu visión sobre la intimidad, la cooperación, y la negociación dependen ampliamente en cómo tus padres manejaron sus conflictos y diferencias entre ellos.

¿Cómo era la interacción entre tus padres? ¿Estaban presentes ambos padres? ¿Alguno abandonó la familia, dejando que el otro te crie solo? ¿Estaba alguno de tus padres más presente de forma física, mientras el otro estaba presente más emocionalmente, aun cuando sea en períodos cortos? ¿Hubo un divorcio, una separación o un nuevo matrimonio en tu familia? Si fue así, quizá decidiste que las relaciones son débiles o que no puedes contar con nadie. Puede ser que decidiste que nunca te casarías porque los matrimonios no funcionan. Tal vez crees que es importante abandonar una relación mala o abusiva e intentar nuevamente.

Si tus padres tenían peleas estruendosas, abusivas o que daban miedo, podrías ver la vida como un lugar peligroso y tormentoso, ¿Tus padres cooperaban o competían? ¿Era uno dominante y el otro sumiso? o

¿Se trataban como iguales, compartiendo la toma de decisiones? Si uno de los padres tomaba todas las decisiones, mientras el otro solo cumplía, tu conclusión podría haber sido que el mundo es un lugar donde hay jefes que toman las decisiones mientras el resto obedece. ¿Tus padres se respetaban mutuamente, hablaban sobre las decisiones a tomar y expresaban sus sentimientos? ¿Eran cálidos, amorosos y amables el uno con el otro? o ¿Eran fríos, enojones y distantes? Si tus padres estaban enganchados en una "guerra fría" podrías esperar que todas las relaciones sean distantes, tratando de evitarlas para protegerse de sentimientos incómodos de aislamiento.

Actividad de concientización: ¿Cómo influyó la relación entre tus padres?

Fíjate en lo que escribiste como respuesta a las preguntas de la sección anterior. ¿Qué notas sobre tus propias relaciones ahora, comparado con cómo tus padres se relacionaban?

Kelly estaba haciendo los ejercicios de este libro, desarrollando su consciencia sobre ella misma y sus relaciones. Cuando estaba pensando sobre la influencia de su ambiente, Kelly recordó la relación entre sus padres. Recordó lo aterrorizada que se sentía de niña, cunado su gruñón explosivo y enojado padre gritaba a su madre sobre algún error menor que había cometido, como regar algo u olvidarse de un encargo. Su madre se encogería de miedo y disculparía repetidamente. Otras veces, su padre estaría calmado y dulce, trayendo regalos a su madre o leyéndole en voz alta, las noches de los domingos luego de la cena. Ella nunca sabía qué padre entraría por la puerta en la noche.

Kelly describía la atmósfera en su hogar como "cambiante" y "amenazadora". Se dio cuenta que la relación entre sus padres había dado forma a sus creencias y habían afectado su vida en muchas formas. Había crecido con miedo al enojo. El suyo propio y de los demás. Temía que resultaría en manifestaciones aterradoras como la que había vivido con su padre. Era tímida, temerosa de tomar riesgos y de cometer errores, protegiéndose en su paso por la vida. Pensaba que los varones eran impredecibles y era muy cuidadosa de no acercarse mucho a ellos.

La influencia de los estilos de crianza

Los adultos que eran responsables de ti tenían distintos estilos de crianza. Esto afectó cómo pensabas acercad e ti mismo y cómo te comportabas de niño. Su estilo pudo también haber impactado cómo te comportas de adulto. Podrías creer que el comportamiento en la crianza de tus padres estaba bien. Quizá pudiste haberte rebelado frente a ese estilo de crianza, y te dedicaste a ser un padre de otro tipo diferente. Podrías estar teniendo conflictos en tus relaciones adultas porque tú o la otra persona es demasiado permisiva mientras el otro es demasiado autoritario.

¿Tus padres esperaban conformidad y obediencia de los hijos, o se respetaban las diferencias individuales, se alentaba la creatividad y apreciaban las opiniones? ¿Tus padres tomaban decisiones sin consultarte a ti o a tus hermanos, o les involucraban o dejaban que decidan ustedes mismo? ¿Tus padres usaban reuniones familiares para resolver problemas y expresar sentimientos, o eran el tipo de padres que pensaban en los niños como objetos, tratándolos como seres invisibles? ¿Tus padres te enseñaron a obedecer y te castigaban si los desafiaban? ¿Te motivaban a través de castigos, golpes, premios, recompensas o sobornos? ¿Te enseñaron a pensar por ti mismo, incluso si ello significaba no estar de acuerdo con ellos? ¿Te dejaban hacer lo que querías, y te daban gusto en todo? ¿Te ayudaron a obtener y hacer lo que deseabas dentro de ciertos límites, esperando que harías tu parte con el trabajo en casa?

Muchas de las decisiones que formaron tu sistema de creencias surgieron del estilo de liderazgo y crianza de tus padres. La mayoría de las madres, padres, profesores y cuidadores reales están hechos de una combinación de las categorías que presentamos en el cuadro de "Estilos de Crianza". Estos cuatro estilos típicos de crianza, te ayudarán a entender el impacto que los adultos tuvieron en el desarrollo de la visión que tienes sobre ti mismo, los demás, la vida y el comportamiento en general. El padre que es amable y firme también puede ser llamado un padre de Disciplina Positiva. A medida que aprendes más sobre ti mismo y los demás, esperamos que tu meta sea crear relaciones usando estas cualidades, habilidades y creencias, de un padre que es amable y firme a la vez.

Estilos de Crianza

El padre Autoritario—Cómo se llama esta clase de padre

- Autócrata
- Dictador
- El que manda
- Mi comandante
- Señora
- Señor
- Jefe

Qué cree esta clase de padre

- Soy superior.
- Debo estar en control.
- Debo ser perfecto.
- Tengo derecho.
- Estoy autorizado.
- El niño me debe
- (…obediencia, gratitud, resultados).
- Estoy cargado de responsabilidades.

Qué hace esta clase de padre

Impone con reglas duras y rígidas. No permite libertad ni flexibilidad. Usa la presión y el castigo.

Demanda "respeto".

Infunde miedo.

Cree que sólo hay una manera correcta.

Ignora los sentimientos.

Trata al niño como una posesión en lugar de como persona.

Demanda obediencia y dicta órdenes. Impone sus ideas.

Domina.

Depende de la crítica y el elogio o halagos para controlar.

Usa recompensas, sobornos, amenazas y castigos.

Da sermones. Grita. Fastidia. Asume toda la responsabilidad. Toma todas las decisiones.

Sobreprotege.

Se compadece o siente lástima del niño.

Actúa como que siempre tiene la razón.

Consiente o avergüenza al niño.

Se preocupa mucho por ser justo.

Ofrece y da siempre con alguna condición.

Demanda perfección y encuentra la falta.

Demasiado preocupado por el qué dirán, o lo que los otros piensan.

Lo que probablemente decidiste cómo niño

Soy impotente, no tengo poder ni control.

Dependo de otros (como hombres, como mujeres.)

No soy responsable.

No soy tan bueno como (alguien)

Mejor me conformo. Otros saben más que yo.

No puedo pensar por mí mismo.

Ya me vengaré.

Me doy por vencido.

Me voy a portar "bien" para que no me "atrapen".

Me portaré bien solo cuando me obliguen.

Me escabulliré para obtener/hacer lo que quiero.

Soy inadecuado.

Otros se abusan de mí.

Nunca soy lo suficientemente bueno.

Debo ser perfecto.

Otros me protegen y deciden por mí.

Nadie puede decirme qué hacer.

El poder es importante.

Debo ganar para tener la razón.

Necesito ser superior a los demás.

El padre Permisivo — **Cómo se llama esta clase de padre**

- Blandito
- Compinche
- Endeble
- Fácil de convencer
- Facilón
- Alfombra

Qué cree esta clase de padre

- Yo no cuento.
- Otros son más importantes que yo.
- Soy impotente. No tengo poder ni control.
- No tengo derechos.
- El niño tiene todos los derechos.

Qué hace esta clase de padre

- Da todo el poder al niño.
- No pone reglas, ni estructura, ni límites.
- Complace al niño demasiado en todo.
- Quiere proteger al niño de cualquier sentimiento desagradable.
- Da al niño toda la responsabilidad en la toma de decisiones.
- Se convierte en esclavo.
- Cede a las demandas.
- Se siente culpable por decir "no".
- Engatusa. Mima. Ruega. Implora.
- Es muy amable pero no firme.
- Permite mucha libertad pero sin ningún orden.
- Respeta al niño, pero no a sí mismo.

Lo que probablemente decidiste cómo niño

Los otros me darán cosas y me cuidarán.

Espero recibir.

El mundo gira a mi alrededor. Yo soy el que manda.

Tengo el derecho de hacer lo que me da la gana.

No hay límites.

La vida no es segura. No soy amado.

Dependo de otros para satisfacer mis necesidades y darme lo que quiero.

El padre Negligente—Cómo se llama esta clase de padre

- Fantasma
- Ausente (por enfermedad, adicción, muerte o abandono)

Qué cree esta clase de padre

- Debería ser un mejor padre.
- No sé cómo hacer mi trabajo.
- Preferiría irme de fiesta.
- Déjame solo.
- Odio esto.
- La familia no me necesita.
- Si estoy allí, solo lograré arruinarlo todo.

Qué hace esta clase de padre

No exige, ni reconoce exigencias. No es ni amable ni firme.

No da libertad ni límites.

No respeta al niño ni a sí mismo.

Genera el caos.

Suspende el contacto con la familia.

Lo que probablemente decidiste cómo niño

No soy importante. No soy amado.

No puedo agradar.

No soy valioso.

Soy indigno.

No le importo a nadie.

Debo decidir todo por mí mismo.

No merezco que me cuiden., ni siquiera por mí mismo.

El padre Amable y Firme—Cómo se llama esta clase de padre

(Autoritativo)

- Líder.
- Guía.
- Orientador.

- Amigo.
- Mentor.
- Coach

Qué cree esta clase de padre

- El niño es capaz de tomar decisiones.
- Soy un igual, ni más ni menos valioso que los demás.
- Soy humano y tengo el coraje de ser imperfecto.
- Los errores son oportunidades de aprendizaje y crecimiento.
- Todas las personas son importantes, incluyéndome.
- Estoy a cargo, pero puedo ser flexible.
- Confío en mí mismo y en mi hijo.
- Tengo voz.

Qué hace esta clase de padre

Comparte el poder.

Lidera con amabilidad y firmeza. Trata a otros con respeto.

Trata al niño como un ser humano responsable y valioso.

Alienta al niño para tomar decisiones. Deja al niño ser él o ella misma.

Alienta la independencia. Da opciones.

Espera que el niño contribuya. Promueve la equidad.

Evita hacer sentir culpable al niño. Plantea estándares realistas.

No le preocupa la imagen. Sabe cuándo decir que no. Invita, pregunta, sugiere.

Persuade, ejerce influencia, gana la cooperación.

Escucha las ideas del niño.

Alienta al niño a dar lo mejor de sí y le ayuda a mejorar.

Habla en tono amigable. Confía.

Muestra fe.

Se enfoca en fortalezas.

Escucha y comparte sus sentimientos. Usa rutinas para crear orden.

Reconoce el esfuerzo, no sólo el logro.

Comparte la responsabilidad. Enseña auto disciplina

Lo que probablemente decidiste cómo niño

Soy responsable.

Soy respetuoso con los otros y conmigo mismo.

Auto disciplinado. Auto determinado.

Puedo cooperar con los demás.

Los otros me incluyen en las decisiones.

Puedo pensar por mí mismo. Soy capaz.

Estoy abierto a las ideas de los demás.

Yo cuento, soy importante. Puedo resolver problemas. Puedo confiar en mí mismo.

Soy lo suficientemente bueno y valioso tal cual soy.

Puedo confiar en los demás.

Los errores son para aprender.

No tengo qué ser perfecto. Puedo intentar cosas nuevas.

———

Tal vez tus padres no estaban de acuerdo en cómo criarte y cuál era la disciplina adecuada. No es inusual que los padres estén en desacuerdo. Si esto sucedió en tu familia, pudiste haber decidido algo de lo siguiente: *"Sé a quién acudir para obtener lo que quiero"*, *"Simplemente me escabulliré por atrás y haré lo que quiera mientras ellos discuten"*, *"La vida es un caos"*, o *"Las mujeres son buenas pero los hombres son malos"* Piensa en cómo sigues operando desde las creencias que formaste en tu niñez.

Actividad de concientización: ¿Cómo influyó el estilo de crianza de tus padres?

Fíjate en tus respuestas a las preguntas de la sección anterior. ¿Cuáles de estas influencias te parecen se muestran en ti mismo y en tus relaciones actuales?

Los padres de Simone eran estrictamente autoritarios. Desde que ella era pequeña, le enseñaron la forma "correcta" de vestirse, de comer, de hablar y de comportarse en público. Hacían que se siente a la mesa hasta que cada bocado en su plato haya desaparecido y la castigaban si no obedecía. Esperaban que le vaya bien en la escuela, que estudie piano, y que juegue al tenis para que así esté bien formada y educada.

Incluso en la adolescencia, cuando empezó a expresar sus ideas, las conversaciones a la mesa del comedor se convertían en un campo de batalla mientras su padre insistía en que debía citar las fuentes de cada idea que defendía. Él menospreciaba lo que ella tenía que decir si no concordaba con lo que él pensaba.

Sus padres se habían asegurado de que su vida sea tan estructurada que Simone no tenía ni el tiempo ni la privacidad para desarrollar su propia vida. Nunca pudo experimentar con formas distintas de pensar, de sentir, de comportarse, de vestirse, o lo delo que sea. Cuando Simone fue a la universidad y tuvo que tomar decisiones por sí misma, sobre qué comer, qué vestir, con quién llevarse, o si hacer o no las tareas, se sintió abrumada. En el lapso de dos meses, se había acostado con cuatro hombres, subido 10 kilos, usado cinco tipos diferentes de drogas alucinógenas, y abandonado tres de sus clases. Antes de terminar el primer semestre, estaba de vuelta en casa con una severa depresión.

¿Cómo impactó el estilo de crianza de tus padres en tu propia personalidad?

Plan de Acción: Familiarízate con tu niño interior.

- Si tienes hermanos que estén dispuestos a responder algunas de las preguntas en este capítulo, pídeles que lo hagan y luego comparen sus notas. Podrías sorprenderte como varias respuestas son extremadamente diferentes. Sé curioso más que ponerte a la defensiva.

- Busca una fotografía tuya de niño (o haz un dibujo), ponla en un lugar donde pases tiempo. Dile al niño en la imagen algo alentador cada día.

- Toma cinco minutos de tu día y escribe una lista de tus fortalezas y habilidades. Lee la lista en voz alta. Ahora escribe una lista de lo que consideras tus debilidades. Lee esta lista en voz alta, y luego de cada punto, añade la frase *"...y lo acepto como parte de mí."*

La influencia de la herencia

Cuando entraste al escenario de tu vida, llegaste con ciertas características y cualidades genéticas. Estas consistían principalmente en tus atributos físicos (tu sexo, altura, forma corporal y estructura ósea, el color de tus ojos, cabello y piel; la calidad de tu voz, tu vista y tu oído.

Si eres bajito, quizá pudiste haber decidido que no eras lo suficientemente Bueno que aquellos más altos, que la gente no te iba a notar, o que debías dejar tus ideas para ti mismo, o que debías armar un escándalo cada vez que querías que te reconozcan.

Si naciste con una cara que según tú *"solo una madre podría gustar"*, pudiste haber decidido que debías desarrollar una personalidad atractiva o tu intelecto para compensar. O quizá pudiste haber decidido no esperar mucha atención y aprecio en la vida, ya que no tenías la apariencia necesaria para ganártelo. O, quizá piensas acudir a un cirujano plástico para obtener la apariencia que deseas (con la tecnología actual, hay muy poco que no se pueda cambiar o alterar del cuerpo).

Ben, un niño de cinco años muy activo, contrajo la polio y pasó muchos meses con un pulmón artificial, viendo la vida pasar. Aunque se recuperó lo suficiente para poder caminar con muletas y dejar de depender del pulmón artificial, nunca recuperó su actitud despreocupada.

Sus padres querían que tenga una vida

normal, por lo que lo enviaron a la escuela pública local, donde Ben se sentía extraño y fuera de lugar, se escondía en la parte de atrás del aula de clase, esperando que nadie lo notara. Desarrolló una vida interior muy rica, incluyendo el amor por el arte y por la música.

El miedo al aislamiento y la desesperanza que experimentó en la cámara del pulmón artificial lo perseguía como un fantasma, por lo que se aseguraba de salir solo con mujeres que lo cuidaban. En muchas maneras, limitó su habilidad para cuidarse a sí mismo al escoger una pareja que sea del tipo cuidador, que sentía lástima por él, y que pensaba que necesitaba más ayuda que la que realmente necesitaba.

Muchas personas piensan que tu temperamento o disposición es genética. Sin embargo, nosotros debatimos que estas se desarrollaron como resultado de tus decisiones inconscientes sobre cómo encontrar tu lugar único y tu identidad diferenciada, particularmente entre tus propios hermanos. Continuamente nos maravilla cómo los primogénitos tienden a tener temperamentos similares, al igual que los segundos, los del medio y los menores.

Hasta el momento ya tienes una mejor imagen de cómo formaste las decisiones que corren en el fondo de tu mente y direccionan tu vida. En el siguiente capítulo, exploraremos la influencia de tus hermanos. Más que ningún otro factor por sí sólo, tu personalidad se formó por las decisiones que tomaste al interactuar con tus hermanos y tu perspectiva desde tu posiión en el orden de nacimiento.

Semana 3—
Cómo llegaste a ser tú mismo y qué tuvieron tus hermanos que ver con ello.

¿Quién tuvo el mayor impacto en tu personalidad y tu identidad? Tus hermanos ¡por supuesto! Y en caso de no haber tenido hermanos, probablemente había primos, amigos cercanos, o chicos vecinos con quién compararte. Lo más probable es que tu principal rival mientras crecías era uno de tus hermanos. Por "rival", nos referimos a una persona con quién te comparabas. Cuando se trata de humanos tratando de resolver cómo pertenecer al gran todo sin dejar de ser únicos y especiales, la competencia y la comparación son sinónimos. Tomaste decisiones sobre quién eras al compararte con tus hermanos y hermanas. Cuando eras un niño viviendo con tu familia, los recursos podrían haber parecido limitados. Tal como en un pastel, había un número limitado de rebanadas. Probablemente decidiste que, si alguien tomaba una rebanada, tú tenías que tomar una diferente.

Debido a que la pertenencia y la trascendencia son las dos necesidades básicas humanas, sentimientos muy fuertes debieron estar involucrados cuando llegó la hora de tomar esas decisiones inconscientes de tu lugar en la familia. Toda obra de teatro necesita una historia en la que los personajes se desenvuelven. ¿Qué mejor forma de proveer algo de conflicto que agregar nuevos personajes (en tu caso hermanos)?

Con los años, habiendo realizado innumerables talleres y sesiones de consejería, hemos aprendido que el factor principal en crear tu personalidad es lo que decidiste a una edad muy temprana sobre cómo pertenecer y cómo ser único en tu familia. Tanto en grupos pequeños de tan solo diez personas o grupos grandes de cien, cuando pedimos a los participantes que se junten en grupos de acuerdo al orden de nacimiento y comparen sus fortalezas, debilidades, diferencias y deseos, siempre obtenemos los mismos resultados: Los grupos de

orden de nacimiento encuentran que sus miembros tienen más en común entre ellos que lo que puedan tener en común entre miembros de su propia familia. Esta información te ayudará. A ti también, a entender cómo llegaste a ser tú. A continuación, una actividad que te dará más luces en este asunto.

Actividad de Concientización: Tu pastel familiar

1. Para aprender más acerca de tus decisiones respecto a tu lugar único en tu familia, dibuja un círculo y divídelo en el número de rebanadas que correspondan al número de hijos en tu familia. No olvides incluir a los niños que han muerto, ya que también forman parte de tu identidad. No incluyas a tus padres en el dibujo.

2. En cada rebanada del pastel, escribe el nombre de un hijo, asegurándote de incluir tu nombre. Junto al nombre de cada niño, escribe que tanto mayor o menor es respecto a tu propia edad (Ejemplo Bill +3, Susy – 2). Ahora, escribe tres o cuatro adjetivos que describan a cada uno de los niños cuando eran pequeños. Fíjate en tu pastel y nota cómo decidiste que cada persona era diferente y especial.

3. Los adjetivos en tu propia rebanada del pastel reflejan tus creencias acerca de ti mismo. ¿Quién era el más diferente a ti? ¿En qué sentido era diferente? ¿Quién era el más parecido a ti? ¿Qué te hace único?

4. Si estás en una relación, podría ser interesante que tu pareja haga esta actividad. Comparen sus notas, busquen esas partes en que

5. sus pasteles se parecen, y las partes en que son diferentes, también los potenciales puntos de conflicto. También puedes continuar con la actividad *"¿Con quién te casaste?"* Que se encuentra más adelante en este capítulo.

Rivalidad entre hermanos- Una visión diferente

A menudo pensamos que la rivalidad entre hermanos se refiere a hermanos peleando entre ellos. Esa es una forma en que los hermanos interactúan. Pero existen otras maneras más sutiles, y es lo que exploraremos en la siguiente historia con tres hijos de la misma familia. No solo verás cómo estos niños formaron sus identidades en relación con cada uno, pero también te darás cuenta, cómo invitaron a los demás a tratarlos de acuerdo con lo que ellos "creían" que eran.

Mientras lees la historia de Mary, Allen y Mindy, fíjate en las decisiones que cada uno hizo basándose en lo que observaban de sus hermanos y en cómo buscaban un lugar especial o una forma de pertenecer y de trascender. Piensa en cómo fue tu propia situación. Cada niño nace dentro de una atmósfera familiar diferente, porque los padres, así como su forma de crianza, van cambiando en el tiempo mientras van ganando experiencia y se van haciendo mayores.

Las tensiones fluyen dentro de la familia con los cambios de trabajo, las mudanzas, las muertes, separaciones o divorcios, así como con los nuevos nacimientos de otros hijos. Pon mucha atención a cómo Mary, Allen y Mindy fueron improvisando. Pregúntate a ti misma si usaste algunos de estos métodos cuando saliste a escena en cada etapa de tu propia vida.

Como un Consultor de Encouragement, querrás ayudar a las personas a examinar sus familias de infancia de la misma manera.

La primogénita

Antes de que Mary naciera, existían dos adultos trabajando y haciéndose cargo de la casa. Aunque parecían ocupados y felices de estar el uno con el otro, y deseosos de la llegada de Mary, también estaban ansiosos y tensos. Uno de ellos dijo *"Sé que seremos los padres perfectos"*. El otro dijo *"¡Es una gran responsabilidad! La comida correcta; la ropita correcta,el pediatra correcto, la escuela correcta…"* El primer padre replicó *"No te preocupes. Lo tenemos bajo control. Sabremos las respuestas para cuando él realmente las necesite"* Ante lo cual el otro padre replicó: *"Querrás decir para cuando ella realmente las necesite"* Piensa en cómo las esperanzas y deseos de los padres ante un bebé que todavía no nace empiezan a jugar un papel y a influenciar a la criatura antes de que ni siquiera llegue a la familia.

Desde el día en que Mary nació, ella fue el foco de toda acción. Ella los escuchaba decir *"Estamos tan felices de que estés aquí. Eres increíble y perfecta."* Los adultos observaban todo lo que Mary hacía y reportaba el mínimo comportamiento al resto de la familia. Cuando Mary lloraba, uno de sus padres estaba a su lado inmediatamente. Mary veía a sus padres como personas que muchas veces eran de su tamaño, que se movían rápido, parecían seguros de sí mismos, sabían qué hacer, y parecían entender sus necesidades. Los adultos parecían ser eficientes y capaces. ¿Qué crees que

Mary podría estar decidiendo? ¿Qué habrías decidido tú? Qué te parece *"Soy importante. Soy el centro del universo. Soy pequeña. Puedo depender de otros para satisfacer mis necesidades. La vida es tensa pero predecible."*

La mayoría del tiempo, Mary estaba callada y contenta, pero en ocasiones percibiría ceños fruncidos en los adultos. ¿Qué crees que podría haber pensado entonces? ¿Qué habrías pensado tú? Quizás. *"Me quieren solo cuando me porto bien. Mejor no hago lío. Debo encontrar la manera de complacerlos."* Estas son el tipo de conclusiones a las que los niños pequeños son propensos. Los niños son, por naturaleza, excelentes observadores, pero intérpretes inexpertos. Los padres de Mary se tomaban en serio su tarea de crianza, enfocados intensamente en Mary, y determinados para hacerlo todo bien. Mientras Mary crecía, ella copiaba a la gente grande de su mundo, tratando de complacerlos al hacer las cosas perfectamente, igual que la gente grande hacía. A menudo los escuchaba decir *"Es una bebé tan alegre y fácil de llevar. Aprende tan rápido.*

Es tan buena, no nos da problemas. ¡Hace justo lo que le pedimos!

Mary pudo tomar muy a pecho lo que escuchaba y haber decidido *"Yo no doy*

problemas a nadie. Soy inteligente. Puedo hacer lo que ellos hacen."

Mary podría estar tranquilamente encaminada para convertirse en una líder responsable; era diligente y seria, de acuerdo con las reglas y valores familiares, o de la "autoridad". Esto es así para muchos de los primogénitos. Si tú fuiste un primogénito, ¿Te pasó así? Esto tiene sentido, dado las influencias típicas que encuentras al momento del nacimiento. Poco sabías tú y Mary que la obra iba a dar un giro inesperado que afectaría para siempre tu visión sobre ti mismo, sobre los demás y sobre la vida.

Llega el segundo hijo

Cuando Allen entró en el Segundo acto, llegó a un mundo diferente al de Mary. Ella llegó a un escenario sin niños y fijó el precedente de lo que se esperaba que un niño debería ser (o no ser). Cuando Allen entró en escena, le parecía que todos los demás habían leído el guión. Allen tuvo que improvisar un poco al principio, descubriendo el escenario, la trama, los personajes. El vio a dos adultos enfocados de forma adorable en una linda, inteligente y bien portada niñita de tres años en el centro del escenario. Ella se veía muy grande comparada con Allen. El vio lo lista y hábil que era al usar el baño, al comer con cubiertos, ponerse el cereal, y en cantar canciones.

Él se dio cuenta que los adultos estaban ocupados, pero se veían confiados y relajados. Estaban más calmados y experimentados en sus roles como padres que cuando nació su primera hija. Allen ya estaba tomando sus primeras decisiones sobre lo que observaba: *"Soy pequeño. Los otros son grandes. Mi hermana es lista, rápida y silenciosa. La vida es calmada."*

Luego de que Allen apareció en escena, el foco de atención cambió hacia él. Intentó interactuar con cada uno de los otros y observaba con cuidado lo que sucedía. Pudo ver que cuando hacía ruidos, los otros lo notaban. Él decidió *"Los ruidos se notan. Si estoy en silencio nadie me mira."*

Mientras tanto, Mary, estaba decidiendo, al notar cómo los adultos trataban al recién nacido Allen *"Yo no soy una inútil, molestosa, como él. Tengo que portarme súper bien para que me noten ahora."* Quizá pudo creer que su lugar especial estaba siendo amenazado, y se sintió eclipsada o destronada por la cautivadora novedad de su hermanito. Ella debía encontrar la manera de mantenerse en el punto destacado al que estaba acostumbrada; cómo se mantendría en el primer lugar, antes que Allen. Muchos niños que, como Mary, se encuentran teniendo que compartir la atención que antes era exclusiva, adoptan un lema *"Soy la primera y primera me quedaré"* ¿Te imaginas el papel que podría jugar esta convicción en la vida adulta? ¿La has vivido tú, un hermano tuyo, o alguien que conoces?

Si tú eres el segundo hijo en la familia, piensa en cómo tu hermano mayor se mantuvo delante tuyo. ¿Cómo te comportaste para encontrar tu lugar especial en el foco del escenario?

Una ocasión, la madre de Allen estaba ocupada poniendo la ropa en la máquina y no vino cuando se puso a llorar. Lloró más fuerte, y finalmente ella apareció agitada en la habitación muy preocupada y con el ceño fruncido. Él decidió *"Soy irritante. Debo gritar para que me escuchen. Ella no tiene tiempo para mí."* Mientras su madre le cambiaba el pañal, la hermana mayor de Allen, Mary, le trajo su biberón, y escuchó a su madre decir, *"Qué niña tan grande y buena ayudante eres al darte cuenta que tu hermanito tiene hambre. Estaba llorando muy fuerte. Él no es calladito como tú."* Cuando Mary escuchó la comparación, le gustó el reconocimiento, pero también se sintió agobiada y presionada. Allen decidió *"Mi hermana es responsable. Yo soy pequeño. Ella es callada. Yo soy escandaloso."*

Más tarde, Allan miró a Mary jugando con bloques. Él gateó para explorar y derribó la torre que estaba construyendo. Ella lo empujó y gritó. Su hermana dijo *"Rompiste mi torre. No se supone que debes jugar así, ¿no te das cuenta?"* Mamá vino y reprendió a Allen, y lo levantó; él lloró más fuerte. Mamá lo puso en su cama, diciendo, *"¡Tu siéntate ahí y piensa en lo que acabas de hacer! No tendrás una golosina esta tarde"* Allen decidió *"Yo rompo cosas. Echo a perder las cosas. Mamá me cuida cuando lloro. Las niñas son hábiles y mandonas. Yo no sé jugar bien. Mamá se enoja cuando me porto mal."*

Hay muchas instrucciones que seguir en el escenario, caracterizaciones y diálogos que tanto Mary como Allen podrían estar escribiendo en sus propias versiones del guión que van creando mientras pasan por la vida. Mientras se desarrolla la acción a su alrededor, ellos interpretan el significado e improvisan su parte en cada interacción. Tú hiciste lo mismo cuando eras niño. ¿Puedes recordar algunas de tus decisiones? ¿Ves cómo podrían estar actuando en tus relaciones actuales?

Si eres el segundo hijo, igual que Allen, quizá no te preocupe mucho seguir las reglas y cumplir las expectativas de los adultos, incluso el reconocer las reglas, contrario a la primogénita, Mary. Llegaste en un ambiente más relajado, debido a que tus experimentados padres estaban más calmados y menos estrictos en sus roles parentales, Reflejando esa atmósfera, quizá te volviste más flexible y amigable.

Por otro lado, hemos conocido a muchos segundos hijos que decidieron que la forma de obtener reconocimiento era emular a sus hermanos mayores hasta el punto de ser una versión exagerada de los mismos. El lema de este tipo de segundo hijo podría ser el del antiguo comercial de *Avis Rent a Car*, que promocionaba la habilidad de la compañía de renta de autos, de brillar a pesar de su entonces joven y pequeño estatus en el mercado: *"¡Nos esforzamos más!"* Tu orden de nacimiento no es un dictamen en el que adoptas alguna percepción en particular sobre ti mismo y los demás; de todos modos, sí fue una primera y profunda influencia en ti, de una u otra manera.

Como todo niño que nace, buscaste una forma de crear tu propio lugar, y de ser único y especial en tu familia. Tuviste la creencia equivocada de cada niño, *"Tengo que ser diferente de los otros para ser especial y destacar, o sino mis padres no me amarán."*

Así escogiste tu propia manera de ser diferente inconscientemente. Los primogénitos creen que deben ser los primeros, mientras que los segundos trabajan más duro por alcanzarlos. Probablemente tus padres estaban sorprendidos de lo diferentes que eran sus hijos. Usualmente se refieren a estas diferencias como temperamento, pero mientras leas este capítulo, te darás cuenta lo fácil que es, el tomar decisiones de forma inconsciente sobre ti mismo y los demás, que luego impactan en el desarrollo de tu personalidad. Las áreas en las que escogiste competir son en las que decidiste distinguirte de los demás, y probablemente sean áreas relacionadas con los valores de tu familia.

No es raro encontrar un hijo aceptando, acogiendo y adoptando el enfoque de los padres respecto a algún asunto, mientras el otro hijo se rebela. Esto sucede sea que los padres estén o no de acuerdo sobre el asunto.

A menudo, un segundo hijo, mirará a un hijo mayor realizado y dirá *"Esa es la manera de pertenecer"* y luego se empeñará en alcanzarlo o sobrepasar a su hermana o hermano mayor. Esto sucede más si sus edades son muy cercanas o son del mismo sexo. Si esto sucedió en tu caso, puede ser que el hijo mayor intercambió el rol. Cuando un niño o niña se desalienta, a veces puede pensar, *"Si no puedo ser el primero siendo el mejor, seré el primero siendo el peor."*

Y aquí viene la bebé

Cuando Mindy, la hija menor entró en escena, todo cambió. A los padres les pareció que sus hijos mayores habían crecido 15 cm de la noche a la mañana. De repente, se veían tan grandes y más capaces de lo que les parecía antes de la llegada de Mindy. Ahora Allen y Mary se convirtieron en parte del equipo de apoyo. Podían calmarse y entretenerse a sí mismos, alcanzar artículos necesarios para la bebé, ayudar a mamá y papá, y ser niñeros en un rato de apuro.

Mary, ahora de cinco años, ya estaba pensando *"Sé lo que hay que hacer"*. Defendiendo su título como *"la que ayuda, la madura y responsable."*

Mary estaba cómoda en su rol de "pequeña mama". Ayudaba a alimentar a Mindy, jugaba con ella, la vestía, y la mandoneaba, además de hacer todas las cosas que Mindy no podía por ser muy pequeña. Mindy pudo decidir, al ser la menor, *"Soy la más pequeña. Todos son más grandes que yo. Puedo tropezarme y caer. Otros me cargan. Otros me cuidan. La vida es fácil."* El lema de la menor puede ser *"Yo tengo derecho"*. Puedes ver claramente como eso puede pasar. Todos atienden al bebé de la familia, porque esta persona parece tan pequeña e indefensa. Nuevamente, esto no es de ninguna manera un regalo para el hijo menor, quien es de hecho muy capaz y competente.

Lo que Mindy observó fue un escenario lleno de acción. Su madre y su padre a veces se quedaban cortos entre ellos. Siempre había mucho qué hacer, discutían sobre quién haría qué, y a veces peleaban. Mindy tenía que averiguar cómo encajar y darse a notar. Así que sonreía, susurraba, balbuceaba y se reía. Todos respondían cálidamente cuando ella hacía estos sonidos graciosos y sus caritas lindas. Los miembros de la familia de Mindy, decían que era adorable y pasaban tiempo jugando con ella. No importa cuán ocupados estaban, siempre había alguien que velaba por sus necesidades. Ella solo debía decidir si debía acercarse a su hermano y hermana y hacer lo que ellos hacían, o sentarse y esperar a que ellos vengan a buscarla.

Un día, Mindy intentaba atarse su zapato por primera vez, Allen se adelantó diciendo *"Yo lo haré por ti, Mindy"* Mindy decidió *"Yo no puedo hacerlo. Soy incapaz."* Si mama, papa, Mary y Allen, continuaban dando a Mindy atención cada vez que necesitaba algo, ella crecería falta de confianza y con un sentido de tener derecho a todo.

Esto es muy común con el hijo menor. Si siempre hay alguien más grande, o mayor, o más fuerte, o más rápido, haciendo las cosas que intentan aprender a hacer por ellos mismos, los hijos menores podrían concluir que nunca pueden estar a la altura, que no pueden dar alcance, entonces ¿por qué intentar? Si tú eres el menor de la familia, ¿Tomaste este tipo de decisiones? ¿Sigues actuando estas creencias, en tus decisiones actuales?

Mientras Mindy crecía, ella miraba a su hermana mayor irse a la escuela. Mary no tenía muchos amigos, pero enfocaba su energía en tener logros académicos. Ella decidió muy pronto que quería convertirse en abogada. Mindy decidió que el lugar de la "buena estudiante" ya estaba tomado, y prosiguió a hacer más de lo que sabía que era buena: socializar. Ella socializaba tanto, que en su familia se distinguía por ser la "sociable y gregaria"

Los maestros a menudo llamaban a Mindy "Conversona" porque pasaba la clase hablando y platicando con otros en lugar de prestar atención a la lección. El teléfono siempre estaba sonando en casa, y pasaba horas con sus amigos y amigas. Su padre y su madre la describían como "una mariposa social" ¿Qué decían tuis padres sobre ti?

A menos que tus padres hayan acertado en alentarte a ser independiente, quizá permaneciste siendo "el bebé" y tuviste menos oportunidades de aprender destrezas. Si eras tan listo para que los otros atiendan tus necesidades, ¡quizá hoy en día serías un muy buen presidente de un comité! Como el menor, quizá seas lindo, encantador y juguetón, pero quizá te quejes con frecuencia de que no te toman en serio. De todas maneras, podrías tener la mejor calificación en sociabilidad de entre tus hermanos.

Actividad de concientización: La regla de cinco.

¡Noticias impactantes! Muchos de los hijos menores son quienes dirigen la familia y son su miembro más poderoso. Piensa en tu propio hermano menor, incluso si eres tú mismo. Ahora suma a todos los otros hijos en la familia, y a los padres. La suma de todos los miembros excepto el hijo menor es llamado el número de poder, así es de poderoso el hijo menor. Por ejemplo, en una familia de cuatro hijos y dos padres, el menor tiene un número de poder de 5. Todo el resto en la familia es menos. Si te cuesta creer esto, o si tú eres un hijo menor que se piensa a sí mismo como indefenso, observa un poco más. Toma en cuenta la medida en que las personas ceden a los pedidos o hacen concesiones a los menores. Cuando el menor de cuatro hermanos tiene cuatro años, considera qué tan pequeño se ve ese niño comparado con los otros. Es difícil no tratar al último como un bebé, pero no ayuda ni es alentador para ninguno en la familia, en especial para el hijo menor.

El destronamiento impacta la personalidad

Donde Allen alguna vez se distinguió por ser el más pequeño, el más nuevo, el más lindo, y el miembro más retador de su familia, estaba ahora siendo "destronado". Alguien nuevo había tomado su lugar. Se encontró a sí mismo en un dilema. ¿Quién era él? y ¿Cómo iba a distinguirse ahora que la pequeña y encantadora Mindy había llegado?

¿Sería su rol como el bocaza, irresponsable, desordenado, suficiente para mantenerlo visible en medio de la creciente multitud?

A menudo el hijo del medio se siente estrujado, sin tener los privilegios del hijo mayor ni la libertad del hijo menor. Si eres un hijo del medio, quizá desarrollaste algún talento especial para distinguirte. O quizá te sentiste fuera del montón, sin estar seguro de cuál era tu posición. Probablemente tuviste dudas sobre cómo continuar recibiendo la atención de tu familia.

El lema del hijo intermedio es "La vida es injusta". Al estar en el medio puedes ver ambos lados, por lo que quizá seas sensible ante la justicia y la equidad. "La vida es injusta" es una creencia que podría invitarte a darte por vencido o a montar una campaña que corrija la injusticia. ¿Fuiste un mediador en tu familia? ¿Eres uno ahora? Cuando estás desalentado, quizá expresas tu preocupación por la justicia y la equidad albergando amargura o buscando venganza. Como un hijo intermedio, tu viste a niños más pequeños, menores y con menos habilidades que tú. También viste a niños más grandes, mayores y con más habilidades que tú. Tuviste una gama más amplia de modelos y características con las cuales compararte, más de las que pudieron tener tus hermanos, sea el menor o el mayor.

Allen tan solo tenía dos años cuando Mindy entró en escena. Sus padres se sintieron molestos cuando él se volvió más bullicioso, llorón y armando el alboroto. Nada delo que hacían parecía consolarle. Desde el momento en que Mindy llegó a la familia, se volvió más difícil, y parecía que cada día se ponía peor. Era alérgico a la leche, no comía la misma comida que el resto de la familia, y a los seis años seguía mojando la cama. Mientras Mary recogía sus juguetes cuando se le pedía, mamá debía repetirle a Allen una y otra vez. Mary era tan servicial que a veces lo hacía por él.

A veces mamá le preguntaba a Allen que por qué no podía ser más como su hermana. Normalmente Allen sólo respondía encogiéndose de hombros. Cuando Allen empezó la escuela, las profesoras decía "Oh tu eres el hermanito de Mary, que alegría tenerte en mi clase… hasta que lo llegaban a conocer. A menudo se desconectaba de la clase, miraba por la ventana, haciendo dibujos en su cuaderno de forma furiosa. Allen había decidido que sólo había lugar para un "estudiante" en su familia. Trajo su cuaderno a casa para mostrarles a sus padres. Estaban impresionados con el detalle de sus dibujos, así como la concentración e imaginación que demostraba. Sin embargo, no aprobaban los temas macabros, sobre la muerte, el matar y la guerra, lo encontraban perturbador. Lo llevaron a un psiquiatra, pensando que tenía algún problema.

Mindy disfrutaba acostarse en el suelo del cuarto de Allen, dibujando en su pequeño cuaderno con sus crayones mientras Allen hacía sus bocetos. Un día la madre de Allen los vio juntos y tomó a Mindy de la mano, preocupada por la influencia que podría tener su hijo con problemas en su hermanita. "Tú no eres del tipo artístico", le dijo, "Por qué mejor no vienes conmigo a jugar".

En silencio, se desesperaba por su hijo. Deseaba que Allen pueda encontrar algo más valioso que hacer con su tiempo que aislarse con su cuaderno de bocetos, y dibujando lo que parecían guiones gráficos de una película de terror. Aunque ella no lo decía en voz alta, Allen podía ver sus mensajes de desaprobación a través de su lenguaje corporal y sus expresiones faciales. "Artista" pensó. "Así que eso es lo que soy…desordenado, solitario, temperamental."

Como adolescente, Allen chocó el auto familiar, abusó de drogas, y se juntaba con chicos que se metían en problemas. Sus padres lo amenazaban y castigaban. Ponían reglas que no cumplía. Hasta hicieron planes para mandarle a un internado. Allen creó su lugar en la escuela y en su familia como "el difícil". Esto lo distinguía de sus hermanas, le brindaba la energía y atención de sus padres y profesores, aun cuando esta era de forma negativa.

Ahora que cada hijo ha escrito una historia personal, los adultos involuntariamente hicieron su parte reforzando las decisiones que cada niño tomaba. Aunque las decisiones de los niños no eran conscientes, estas decisiones dieron forma a sus personalidades, trabajando para definir cada uno de sus roles en la vida. Esta es la parte del crecimiento humano y del desarrollo que es menos entendido. Demasiado a menudo, los niños y los adultos son diagnosticados con algún tipo de desorden de personalidad, o enfermedad mental basándose en su comportamiento. Sin embargo, sus comportamientos vienen de sus decisiones. Cuando los niños toman decisiones, no lo hacen de forma consciente, pero estas decisiones se convierten en el telón de fondo de sus personalidades y rasgos de carácter. ¿Qué personaje te creaste para ti mismo en el teatro de la vida?

El hijo único

Si eres hijo único, quizá te estés preguntando, *"¿Conmigo qué? Yo no tuve hermanos que ayuden a formar mi personalidad"* Quizá te sientas reflejado en la historia de Dan.

Cuando Dan gateó al escenario de la vida, se juntó a una pareja que había esperado hasta mediados de sus treinta años para ser padres. Era su primer hijo, y sería el último. Su padre era un abogado bien establecido, y su madre había renunciado recientemente a su trabajo publicitario para estar a tiempo completo con Dan. Él era el único nieto, y cada diente, paso, sonrisa, palabra y deseo era capturado en álbumes, discos y cuadernos. Mamá hacía prácticamente todo por él, incluyendo el cocinar, arreglar la casa, lavar la ropa, hacerle la lonchera, doblar y guardar su ropa. Le encantaba mirar deportes en la TV con su papá. Al crecer, intentó practicar básquet, baseball, karate, tenis y esgrima. Sus padres tenían el dinero para comprar los equipos, su madre tenía el tiempo para conducir hasta sus prácticas y partidos, ambos padres tenían tiempo para asistir a sus competencias. Sus trofeos adornaban los estantes de la sala familiar. ¿Qué crees que Dan decidió? ¿Qué decidirías tú en esas circunstancias? *"Puedo hacer o tener lo que quiera. Para los demás yo soy la persona más importante en el mundo. Yo obtengo toda la atención. Los demás hacen las cosas por mí. La vida proveerá. La vida es ordenada y segura."* Podrás ver cómo un hijo único puede formar esas percepciones muy temprano en su vida. Si tú fuiste un hijo único, ¿te identificas con alguna de estas ideas? Imagina la influencia que hubiese tenido el hijo único Dan si sus abuelos también vivían con la familia.

Dependiendo de cuánto coincidían sus padres y abuelos en la forma de criarlo y disciplinarlo, o en cuánto conflicto habría entre ellos, Dan haría un sinnúmero de decisiones acerca de sí mismo, de los demás, y de la vida, y sobre lo que él necesitaba para pertenecer. Como un primogénito, un hijo único entra a un mundo sólo de adultos, pero como un hijo menor, nunca es destronado por un hermano. Como un hijo único, tenías tu propio espacio y tus posesiones, por lo que quizá se te dificulte compartir, o que las cosas no sean a tu manera. Si decidiste que el camino para pertenecer estaba pavimentado con comportamiento adulto, quizá te volviste muy responsable, orientado a lograr objetivos, independiente y autosuficiente.

Tal vez pusiste un alto estándar para ti mismo, como suelen hacer los primogénitos. Pero al no haber hermanos compitiendo por la atención de tus padres y los recursos de la familia, pudiste acostumbrarte a ser el centro de atención. Por otro lado, si, como muchos niños menores, te daban haciendo las cosas, quizá no desarrollaste destrezas de independencia. Pudiste sentirte incompetente, comparándote a ti mismo con los adultos capaces que te rodeaban. En tu desaliento, pudiste decidir que eras incompetente y dependiente. Lo que hayas decidido como hijo único, depende ampliamente de cómo te trataron tus padres, ya que no había hermanos que te ayuden a encajar en la familia y en el mundo. El lema del hijo único es *"Soy único y especial."* ¿Va eso contigo?

Cuando los hijos crecen

En tu adultez muchas de las creencias que formaste de niño te pueden seguir sirviendo. Te permitieron el éxito te ayudaron a satisfacer los requerimientos de cada situación. Sin embargo, en otras ocasiones estas mismas decisiones te crearon problemas. Podrías estar perdiéndote de opciones que no te das cuenta que tienes. Esto sucede si tomaste tus creencias de la infancia al extremo de pensarlos en términos absolutos.

¿Qué pasaría si Dan, acostumbrado a ser la única persona importante, se casa con Mindy, que era la mariposa social de la familia? Fácilmente podría sentirse infeliz, buscando formas de sentirse especial. Quizá, pasaría mucho tiempo practicando deportes como una manera de mantener su singularidad y sentido de pertenencia. ¿Y qué haría Mindy si él se queja de su alta sociabilidad? Probablemente se sentiría poco amada e incomprendida, y pasaría más tiempo con personas que disfruten de su presencia tal cual era.

Imagina a Mindy, creciendo y teniendo hijos. Ella sería juguetona y e infantil, pero quizá tendría dificultad manteniendo en orden la casa y otras responsabilidades de la paternidad. Contrataría a una persona que se haga cargo de la casa si pudiera pagarle, o estaría esperanzada que su esposo cuide de ella y de los niños. Sin alguien que esté pendiente de ella, podría sentirse tanto abrumada como resentida. Mindy buscaría lugares donde sus habilidades sociales puedan ser apreciadas, tal vez liderando comités o recaudando fondos.

¿Qué pasaría con Allen de adulto? Podría convertirse en un adicto y terminar en la cárcel, o podría encontrar una salida y ser exitoso con su talento artístico. Tendría que darse cuenta que sus comportamientos problemáticos eran una respuesta a su necesidad de encontrar un lugar especial para él en su familia, y no el resultado de algún trastorno psicológico profundo.

Mary, que eventualmente se convirtió en abogada, se acostumbró a presionar y a hacer malabares con un montón de pelotas al mismo tiempo. Ella fue capaz de abordar a sus ansiosos clientes y a asistentes legales que la asistían con la misma actitud de confianza que aprendió de pequeña al jugar a la mamá con sus hermanos. Sin embargo, algunas situaciones eran inexplicablemente decepcionantes para la fresca y capaz Mary. Cuando la presión caía sobre algo nuevo, ella se sentía ansiosa y no podía dormir.

Se enojaba cuando tenía que añadir alguna habilidad a su repertorio, y se angustiaba de no ser lo suficientemente buena para pasar la prueba. Si Mary creía no ser la primera en su campo, trabajaría incansablemente para mantener el lugar que se había forjado para sí misma. Temía una pérdida desprestigio y amor si no estaba a la altura de sus propios estándares. Esto la alejaba de sus colegas, quienes encontraban a Mary poco amable y poco amigable. No disfrutaban pasar tiempo con ella fuera del trabajo (no que Mary haya tenido tiempo de divertirse).

¿Te identificas con los adultos en estos escenarios? ¿Las decisiones que tomaste de niño, te ayudaron o te hirieron como adulto? ¿Sabes que puedes cambiar tus decisiones ahora mismo? El completar la siguiente actividad es una forma de practicar esto.

Plan de Acción: Orden de nacimiento en acción.

1. Pregunta a tus amigos cómo te describirían usando tres o cuatro adjetivos.

2. Pregunta a tus hermanos como te describirían usando tres o cuatro adjetivos.

3. Descríbete a ti mismo usando tres o cuatro adjetivos (o refiérete a aquellos que escribiste en la actividad del "pastel familiar")

4. Compara las listas. Encierra los adjetivos que encajan contigo.

5. Encuentra una foto reciente tuya y pégala en una hija de papel. Escribe detrás los adjetivos que escogiste para ti.

6. Pon la foto en un lugar visible donde puedas verla a menudo. Habla a la persona en la foto (tú), diciendo: "Las ventajas de ser (primer adjetivo), son (haz una lista)." "Las desventajas de ser (primer adjetivo) son (Haz una lista)." Haz esto para cada uno de los tres adjetivos.

7. Fíjate si te estás aceptando más. Recuerda que las limitaciones son esas que *tú* pones en ti mismo, y que *tú puedes cambiar si quieres.* ¿Te sientes lo suficientemente libre para aventurarte en un nuevo territorio?

Variaciones en el tema

Si encuentras que la descripción del orden de nacimiento no encaja muy bien contigo, es porque diste tus propios y únicos significados a lo que te rodeó y a quién te acompañó en tus primeros años. Ningún primogénito es idéntico a otro, del mismo modo ningún intermedio o hijo menor.

Si fuiste un primogénito, perseguido y superado por el segundo hijo, pudiste haberte sentido desalentado, renunciando al rol del responsable y cumplidor, para dárselo a su hermano menor. Quizás las características típicas de un hijo intermedio o hijo menor te describan mejor.

Podrías ser un hijo intermedio e identificarte con las características del hijo mayor o del hijo menor de la familia. Si vienes de una familia numerosa con grandes diferencias de edad entre hijos, o de una familia reconstituida, tu familia pudo haber incluido "constelaciones" diferentes. Mientras que uno solo de los hijos puede ser cronológicamente el primero; quizá el mayor de un segundo grupo, más tardío, de hermanos tenga las características del típico primogénito; (nos referiremos a esta persona como el "mayor psicológico"). Las grandes diferencias de edad también pueden causar que un hijo intermedio tenga influencias de un hijo único o de un hijo menor.

La invitación a mantenerse dependiente de padres y hermanos sobreprotectores podría ser rechazada. Muchos hermanos menores deciden correr lo más rápido posible para alcanzar a los "chicos grandes", insistiendo en hacer las cosas por sí mismos, llegando a ser personas dinámicas que logran sus objetivos. Tal vez eres un hijo menor a quien le dieron oportunidades para aprender habilidades, de quien se esperaba participación, por lo que desarrollaste autosuficiencia, y creciste para ser responsable y capaz.

Al examinar la influencia de tu orden de nacimiento en tu personalidad, es importante incluir a los niños que murieron en su infancia, los que nacieron muertos e incluso los abortos espontáneos. Los padres a menudo reaccionan frente a una muerte o aborto espontáneo siendo extremadamente protectores de los hijos vivos. Su actitud impacta las decisiones sobre ti mismo y sobre la vida.

En el proceso de decidir si puede ser o cómo ser "lo suficientemente bueno", podría encontrar imposible el competir con un fantasma como hermano.

Las conclusiones posibles a las que cada niño pueda llegar son infinitas. Cada uno de ustedes es único. Es esta habilidad creativa la que da cuenta de la increíble diversidad entre seres humanos. La actividad del "Pastel familiar" que realizaste antes te ayuda a aclarar cómo interpretaste tu posición según el orden de nacimiento y cómo decidiste que eras especial. Te ayudará a reconocer cómo tu orden de nacimiento es parte de quien tú eres y cómo te relacionas con los demás.

Actividad de Concientización: ¿Con quién te casaste?

Puede ser que hayas escuchado que las personas tienden a unirse con alguien que sea como su madre o su padre. Nosotros consideramos que es más probable que nos juntemos con alguien que sea como un hermano. O, en caso de ser hijo único, es probable que tu pareja sea como quien quiera que haya sido tu mayor competidor mientras crecías.

Si deseas explorar esta idea, vuelve al diagrama de tu *pastel familiar*. Da vuelta a la hoja y escribe el nombre de tu pareja. Haz una lista de tres o cuatro características que te atrajeron hacia esa persona. Ahora, compara ambos lados de la hoja para ver si puedes descubrir con cuál de tus hermanos te "casaste".

Concientización y aceptación

Mientras estás descubriendo algunas de las influencias de tu infancia y decisiones sobre tu persona, sobre los demás y la vida, podrías estar tentado a lanzar juicios instantáneos hacia ti mismo y tus rasgos, reaccionando con pensamientos del tipo "¡He sido un verdadero cretino!" o "¡Qué estúpido soy!" o quizás "¿Qué problema hay con eso?". Recuerda que cuando adoptaste estas convicciones, eras un niño tratando de resolver cómo pertenecer en tu familia y cómo ser especial. Considerando la poca experiencia de vida y la perspectiva que tenías al momento, es inevitable que hayas cometido errores. Esas decisiones, incluso las que ahora se ven como erróneas, te ayudaron a sobrellevar tu infancia.

Si creciste en un ambiente abusivo, probablemente fue prudente no hacer ninguna "ola". Sin embargo, no expresar ninguna queja, podría traerte problemas en las relaciones ahora. Desde una perspectiva adulta, puedes desarrollar empatía y compasión por ese pequeño niño o niña, tu niño interior hizo lo mejor que podía. Mientras examinas cuáles decisiones son útiles para ti en tu vida actualmente, y cuáles te traen problemas, no te apresures a reescribirlas. Mientras más aumentes tu auto consciencia, recuerda trabajar en la aceptación. Aceptar significa saber que eres un ser humano digno y valioso, a pesar de tus fallas. Con la aceptación, puedes ver, cómo, ser especial a tu manera, te trae éxitos, así como dificultades. La aceptación implica reconocer la realidad de lo que es; sin ella, el verdadero cambio se vuelve esquivo.

Semana 4—
¿Te está funcionando tu comportamiento?

El comportamiento tiene un propósito, aunque quizá nunca lo pensaste de esta manera. El comportamiento, es el intento por lograr algo que queremos, llamamos a esto la meta.

Existen cuatro metas de comportamiento. La primera meta, reconocimiento/atención, se trata de un sentido de reconocimiento y aprecio. Como todos nosotros, necesitas saber que eres único y especial. Un ejemplo de cómo las personas pueden lograr esta meta de una manera *útil* es al contribuir o al pedir tiempo. Cuando las personas están desalentadas, se pueden enganchar en intentos *inútiles* por lograr sus metas, tales como exigir atención incesante.

La segunda meta es el poder/control, y trata de encontrar un sentido de control en tu mundo. Esto podría significar la libertad de optar y tomar decisiones, o la habilidad de anticiparse o tener voz en la planeación de cómo se desarrollará el día o la semana. Por otro lado, poder puede ser el saber que en última instancia tú puedes hacer lo que quieres. Formas *útiles* de buscar poder incluyen el pedir lo que deseas. Formas *inútiles* nacidas del desaliento pueden incluir el involucrarse en luchas de poder.

La justicia/equidad es la tercera meta. Con frecuencia se escucha que la vida no es justa, pero tú te esfuerzas por asegurar que exista justicia en tu vida y en el mundo que te rodea. Quieres que el mundo sea un lugar donde la gente se preocupa por ti, donde puedas ser tú mismo, y donde no te abusen por serlo. Un ejemplo de una búsqueda *útil* de esta meta es reconocer y enmendar tus errores, mientras que una búsqueda inútil es buscar la venganza.

La cuarta meta, habilidades/competencias, se trata de saber que puedes manejar los sucesos de la vida, sea que se trate de las tareas diarias, de llevarse bien con las personas, proyectos especiales, o retos repentinos. Quieres tener la confianza de que puedes aprender, de que te irá bien, y que tendrás éxito. Te puedes sentir alentado al tomar pequeños pasos para lograr esas tareas difíciles, o puedes quedarte en el desaliento al darte por vencido antes de siquiera empezar.

Actividad de Concientización: Rompiendo el código del mal comportamiento.

Existe una forma rápida de averiguar si una persona está buscando lo que quiere de un amanera útil o de una inútil. Se llama ¡Escuchar tus sentimientos! ¿Puedes pensar en alguien quien tiene un comportamiento que te fastidia?, ¿Que te enoja? ¿Qué te duele? ¿Qué te desmoraliza?

¿Alguna vez te han acusado *a ti*, de ser fastidioso? ¿Exasperante?

¿Hiriente? ¿Desmoralizador?

Estos son los sentimientos que tienes cuando alguien a tu alrededor está

---

comportándose desde el desaliento o en otras palabras desde una manera *inútil*. Tus sentimientos son una especie de radar que pueden señalar la dirección adecuada para averiguar la meta que puede tener una persona. En lugar de perder tu tiempo buscando las causas de por qué tú o alguien más se comporta de cierta manera, o peor todavía, de buscar alguien a quién culpar, esta semana aprenderás a usar un modelo de resolución de problemas, para cambiar un comportamiento de desaliento en comportamiento de aliento, al descubrir su meta.

ROMPIENDO EL CÓDIGO DEL MAL COMPORTAMIENTO
(Tabla de Metas)

A. La Meta es:	B. Si te sientes:	C. y Tiendes a reaccionar...
Reconocimiento Atención Apreciación Identidad Ser especial	Fastidiado Irritado Preocupado Culpable Ansioso	Recordando. Persuadiendo. Engatusando. Haciendo cosas por la otra persona que podría hacer por sí misma ("servicio especial")

D. y como resultado, la otra persona...	E. El propósito del comportamiento es...	F. Imagina a la persona diciendo...
Se detienen de manera temporal, pero luego retoma el mismo comportamiento u otro igual de molesto	Que lo noten. Obtener un servicio especial para probar que es amado. Mantener a los demás ocupados con él, como muestra de ser el más especial. Ser apreciado.	Nótame Involúcrame de forma útil

G. Algunas respuestas alentadoras:

Redireccionar al involucrar a la otra persona en una tarea útil que le brinde atención útil. Ignorar o tocar sin palabras. Decir "¡Buen intento!" Dar atención en tus propios términos. Decir cómo te sientes y lo que deseas. Decir "Te quiero y ..." (Ej. "Me importas y pasaré tiempo contigo más tarde"). Evite dar servicio especial. Ten fe en que podrá manejar sus sentimientos (No tratar de arreglar o rescatar). Planear tiempo especial. Establecer rutinas y hacer seguimiento consecuente. Involucrar a la otra persona en la resolución del problema. Utilizar lenguaje no verbal. Validar sentimientos.

Decirle a la otra persona que es especial. Separarse físicamente si es necesario.

ROMPIENDO EL CÓDIGO DEL MAL COMPORTAMIENTO
(Tabla de Metas)

A. La Meta es:	B. Si te sientes:	C. y Tiendes a reaccionar...
Poder Control	Desafiado Amenazado Enojado Rabioso Derrotado	Peleando. Cediendo. Pensando: "No puedes salirte con la tuya". Pensando: "Te voy a obligar". Queriendo tener la razón.

ROMPIENDO EL CÓDIGO DEL MAL COMPORTAMIENTO
(Tabla de Metas)

D. y como resultado, la otra persona...	E. El propósito del comportamiento es...	F. Imagina a la persona diciendo...
Intensifica el comportamiento. Cumple de forma desafiante. Siente que gana cuando el otro se molesta. Busca poder de forma pasiva.	Quiere ser su propio jefe. Quiere estar en control. Probar que nadie le puede mandar o hacer que haga algo. Nadie puede decirle qué hacer.	**Déjame ayudar, dame opciones**
G. Algunas respuestas alentadoras:		
Redireccionar al poder positivo al pedir su ayuda. Ofrecer opciones limitadas. No pelear y no ceder. Alejarse del conflicto. Ser amable y firme. Actuar en lugar de hablar. Decidir lo que uno puede hacer no lo que quiere que el otro haga. Dejar que las rutinas manden. Alejarse y calmarse antes de intervenir. Desarrollar el respeto mutuo. Establecer pocos límites, pero razonables. Practicar el seguimiento consecuente. Admitir que no puedes obligar a la otra persona a hacer lo que quieres, pero que apreciarías mucho su ayuda. Estar de acuerdo en no tener que estar de acuerdo. Establecer un tiempo para trabajar juntos en soluciones.		

ROMPIENDO EL CÓDIGO DEL MAL COMPORTAMIENTO
(Tabla de Metas)

A. La Meta es:	B. Si te sientes:	C. y Tiendes a reaccionar...
Justicia **Equidad**	Herido Decepcionado Incrédulo Repugnado Triste/Trastornad o	Tomando represalias. Desquitándose. Pensando: "¿Cómo puede hacerme esto?"

D. y como resultado, la otra persona...	E. El propósito del comportamiento es...	F. Imagina a la persona diciendo...
Toma represalias. Su comportamiento se intensifica, escalando en lo mismo o buscando una nueva "arma".	Desquitarse. Herir a otros igual que él se siente herido. Piensa "No le importo a nadie, así que ellos tampoco me van a importar" o "No existe la justicia, por lo tanto, yo no tengo por qué seguir las reglas tampoco". Busca ser visto como el desagradable, incapaz de ser amado. Castigarse a sí mismo o a los demás.	**Estoy herido, reconoce y valida mis sentimientos**

ROMPIENDO EL CÓDIGO DEL MAL COMPORTAMIENTO
(Tabla de Metas)
G. Algunas respuestas alentadoras:
Reconocer los sentimientos de dolor. Cambiar los sentimientos de dolor en compasión. Calmarse y luego usar los pasos de resolución conjunta de problemas., en lugar de castigar o dar represalias. Construir confianza. Usar la escucha reflectiva. Hacer enmiendas.
Mostrar que te importa. Actuar en lugar de hablar. Alentar las fortalezas. Ser un amigo. Dar un abrazo. No tomar el comportamiento del otro de forma personal. Reparar la amistad antes que intentar solucionar el problema.

ROMPIENDO EL CÓDIGO DEL MAL COMPORTAMIENTO		
(Tabla de Metas)		
A. La Meta es:	**B. Si te sientes:**	**C. y Tiendes a reaccionar...**
Habilidades **Competencias**	Desesperado Sin esperanza Inútil Impotente Derrotado	Dándote por vencido. Haciendo las cosas por el otro. Ayudando en exceso
D. y como resultado, la otra persona...	**E. El propósito del comportamiento es...**	**F. Imagina a la persona diciendo...**
Se retrae más. Permanece pasivo. No mejora. No responde.	Ser abandonado; que lo dejen en paz; que no tengan expectativas; aparecer desvalido e incapaz. Creen "Cualquier cosa que haga no es suficiente, así que ¿para qué molestarse?". Compararse con otros.	**No te des por vencido conmigo, enséñame un pequeño paso**
G. Algunas respuestas alentadoras:		
Dividir la tarea en pequeños pasos. Remplazar la crítica por aliento.		
Alentar cualquier intento. Decir que confías en sus habilidades. Enfocarse en los aciertos. No sentir lástima. No darse por vencido. Dar oportunidades que aseguren el éxito. Enseñar habilidades y demostrar cómo, pero no dar haciendo, hacerlo con la persona.		
Construir a partir de los intereses de la persona. Encontrar un camino por dónde empezar. Recordarle que hará lo necesario cuando esté lista.		
Recordarle que el aprendizaje viene luego de cometer errores y de intentar nuevamente.		

1. Usando el cuadro ROMPIENDO EL CÓDIGO DEL MAL COMPORTAMIENTO de arriba, fíjate en la lista de sentimientos de la columna B.

2. Ahora, piensa en alguna ocasión que alguien conocido se comportó de una manera que te pareció muy poco apropiada. Mira si puedes encontrar el conjunto de sentimientos de la Columna B que se parezcan más lo que sentías en el momento que sucedía la situación. Fíjate en la celda correspondiente de la Columna A, que te muestra lo que la persona desea. ¿Está la persona buscando lo que desea de una forma útil o de una forma inútil?

3. Si te gustaría convertirte en un Consultor de Encouragement, fíjate en lo que dice la Columna F e imagina a la persona diciendo las palabras ahí escritas. Luego usa alguna de las sugerencias enlistadas en la Columna G, o utiliza un mazo de *Tarjetas de Herramientas de Disciplina Positiva* para encontrar más ideas que te lleven a un comportamiento alentador. (Para más información visita la página www.positivediscipline.com)

Reaccionar al comportamiento desalentador te lleva a mayor desaliento.

Podrías estar empeorando las cosas al reaccionar al comportamiento inútil (desafortunadamente, es parte de la naturaleza humana), lo que solo ayuda a la persona a mantenerse desalentada, aunque claramente esa no sea tu intención. Aquí tenemos un par de ejemplos de personas que tienen comportamientos reactivos llevados por sus sentimientos, como se muestra en la Columna B. Mientras lees, piensa en situaciones cuando tienes esos sentimientos y así poder usarlos como herramienta de concientización si alguien a tu alrededor se está sintiendo desalentada y comportándose mal.

Simón, quien con frecuencia espera más de media hora a que su hermano aparezca, se *siente fastidiado* cada vez. Pero, de manera repetida pone excusas por su hermano, bajo el razonamiento de que al contrario de él, su hermano "sencillamente no es responsable" El fastidio que siente Simón es la clave para saber que está lidiando con un asunto de reconocimiento/atención de su hermano. Probablemente su hermano aprendió estos comportamientos cuando era un niño pequeño y los fue perfeccionando mientras se fue haciendo mayor. Lo más probable es que no tenga idea que el llegar tarde es su manera de sentirse especial, o el que su hermano ponga excusas por él le da un reconocimiento como el chico irresponsable. Al poner excusas por su hermano, Simón hace que el ciclo del irrespeto continúe. Simón es reactivo y está desalentado, y no se da cuenta que tiene opciones sobre cómo responder que lo harían sentir mejor y probablemente ayudarían a su hermano a deshacerse de algunos de estos hábitos irrespetuosos. Simón podría fijarse en la Columna B del cuadro para ayudarle a encontrar el propósito del comportamiento de su hermano.

Cuando el jefe de Mindy, le llama la atención en frente de un cliente, Mindy se traga su *rabia*, haciendo conjeturas de que su comportamiento viene por un matrimonio miserable, y que es culpa suya por alterarle al haber cometido un error. Como lo que siente es rabia, Mindy puede estar segura de que está ante un asunto de poder/control. El jefe de Mindy está lidiando con su estrés al culpar y atacar a los demás, mientras que Mindy maneja su enojo al retenerlo y no expresarlo. Ella también tiende a analizar demasiado la situación, tratando de convencerse de que el comportamiento de su jefe es causado por su situación en casa. Ambas personas están siendo reactivas y usando estrategias que probablemente perfeccionaron desde niños. Si Mindy se fija en la Columna B y encuentra la palabra *rabia*, estará en el camino a entender el propósito del comportamiento de su jefe y podrá encontrar estrategias más efectivas que pueda usar para lidiar con él.

Gracia se siente *decepcionada* de sí misma cuando se come todas las sobras de los dulces de Halloween en el cuarto de su hijo; ella decide que es una persona débil sin auto control. El asunto de Gracia es de Justicia/equidad. Es posible que Gracia tenga mucho auto desprecio y se castiga a sí misma (inconscientemente) al comer demasiado o al comer alimentos llenos de azúcar y calorías. También es posible que Gracia piense que la vida es injusta porque otros pueden comer lo que quieran sin aumentar de peso, mientras que ella es la única que nunca puede darse un pequeño gusto. La clave de que el comportamiento de Gracia se trata de justicia/equidad es su sentimiento de decepción. Al fijarse en la Columna B del cuadro, Gracia puede tomar pasos positivos hacia un sentimiento de aliento.

Whitney está *desesperada*. Ella cree que su esposo la engaña con otras mujeres porque es adicto al sexo y no es capaz de cambiar. Si Whitney pensara sobre el propósito del comportamiento de su esposo en lugar de lo que ella considera su causa (adicción), quizá podría ver opciones. En lugar de eso, se siente desesperada, pensando que su situación no tiene esperanza, y que ella es totalmente impotente para cambiarla. Si pudiésemos mandar a Whitney hacia el cuadro, ella podría empezar a pensar o a comportarse de formas que le den un sentido de competencia en su matrimonio.

Nota los resultados de tu reacción. Columnas C y D.

Volvamos a ver a Simón, Mindy, Gracia y Whitney. Si ellos miran a las Columnas C y D y se preguntan a sí mismos qué hicieron en la situación en cuestión y cuál fue el resultado, seguro se sentirán más desalentados. Piensa en este proceso como la investigación de los propósitos más traviesos del comportamiento, notando lo que no funciona para poder mejorar la situación. Pon atención a si tú te comportas de forma similar cuando sientes lo que Simón, Mindy, Gracia y Whitney sentían.

Para Simón que se quejaba de la impuntualidad de su hermano, el resultado era que su hermano pedía perdón, pero las siguientes diez veces seguía llegando tarde, como siempre.

Para Mindy, que cedía y se tragaba su rabia, e resultado era que su jefe intensificaba su comportamiento, continuando con la falta de respeto y la humillación pública a Mindy.

Para Gracia, que estaba decepcionada de sí misma por escabullirse en el cuarto de su hijo y comerse sus golosinas, el resultado era que cuando se acababan los dulces, se castigaba devorando cualquier otra comida alta en calorías y poco saludable que encontraba en casa.

Whitney se alejó de su esposo y se retiró temerosa de topar el asunto de sus engaños porque pensaba que cualquier cosa que hiciera no podría ayudar, así que no había sentido en intentar.

Actividad de Concientización: Intenta los pasos 1 y 2 tú mismo.

Escoge una situación en la cual trabajar que te gustaría mejorar. Escribe brevemente una descripción de la situación. Luego, escribe tus sentimientos en el momento en que sucedió la situación. Si se te hace difícil, fíjate en la Columna B como ayuda. Escríbelos. Si te sentiste irritado, fastidiado, culpable, o preocupado, esos sentimientos te muestran que el comportamiento (tuyo o de alguien más) se trata de reconocimiento/atención. Si te sentiste enojado, frustrado, desafiado, derrotado o amenazado, tú o alguien más (o ambos) tienen asuntos concernientes al poder/control. Sentirse herido, repugnado, decepcionado, o incrédulo, indica que el asunto es sobre justicia/equidad. Finalmente, si estuviste sintiéndote sin esperanza, inútil, inadecuado, o desesperado en respuesta al comportamiento de alguien (incluso el tuyo propio), estos sentimientos son una señal de que alguien con quien te relacionas -y podrías ser tú mismo- está tomando la ruta desalentadora hacia las habilidades/competencias.

Continúa escribiendo: Cuando te sentiste así ¿Qué hiciste? ¿Cuál fue el resultado? Tu comportamiento ¿ayudó a mejorar la situación? ¿la empeoró? Si empeoró la situación, tú mismo estabas portándote "mal". Si ayudó a mejorar, probablemente te comportaste de forma proactiva y respetuosa Fíjate nuevamente en el cuadro de ROMPIENDO EL CÓDIGO DEL MAL COMPORTAMIENTO. Si encuentras tu sentimiento (Columna B), tus reacciones (Columna C), y la respuesta del otro (Columna D), puedes estar seguro que uno de los dos o ambos están desalentados.

Responde de manera proactiva para ser alentador. Columnas E, F y G

Tus reacciones, por más humanas y normales que puedan parecer, son ineficaces; simplemente refuerzan el mal comportamiento. Ahora fíjate en las tres últimas columnas de la table. Empecemos con la Columna E, el propósito del comportamiento. Una persona no se comporta de manera desalentada a propósito. Al contrario, se comportan así *por un propósito*, y por lo general son completamente inconscientes de ello. Si estuvieras por confrontar a alguien diciendo, "Solo estás buscando atención" o "Estás buscando poder", o "Estás tratando de que las cosas sean más justas", o "Te has dado por vencido porque no crees que puedas prosperar en esa área" la persona podría asombrarse y ponerse a la defensiva. Un abordaje más suave podría ser "A veces me pregunto si…" Que no te sorprenda si este tipo de comentario también genera mucha puesta a la defensiva. Esperamos que puedas usar esta información para incrementar tu entendimiento y que puedas aprender a ser proactivo en lugar de reactivo, y así convertirte en un Consultor que alienta.

Pon especial atención a la Columna F, "Imagina a la persona diciendo…" porque puede inspirar ideas sobre cómo ser alentador y cómo abandonar tu propio mal comportamiento en esa situación particular. Así es como rompes el código del comportamiento y descubres el mensaje codificado.

La Columna G, " Algunas respuestas alentadoras" está llena de ejemplos y sugerencias de formas en las que puedes tener éxito alentándote a ti mismo y a los demás en la situación o en la relación en general. Es solo cuando te vuelves proactivo y reflexivo, usando las ideas que encuentras aquí, que ganas el potencial de cambiar los resultados.

Es interesante cómo los humanos parecen estar condicionados a comportarse de formas que empeoran las situaciones cuando alguien a su alrededor se encuentra desalentado. Llamamos a esto comportamiento reactivo. Simón, Mindy, Gracia y Whitney, cada uno de ellos se volvió más alentado al usar esta tabla que les ayudó a dejar de lado lo que no les estaba funcionando y optar por intentar algo más alentador y proactivo.

Simón se cansó de alternar el excusar la impuntualidad crónica de su hermano y el quejarse repetidamente y regañarle por ello. Se dio cuenta que sus reacciones -y los resultados- eran la evidencia de que estaba lidiando con un asunto de reconocimiento, así que decidió intentar algo diferente. Escogió dos ideas de la Columna G de la tabla. Primero, dijo lo que él haría: le dijo a su hermano, *"Te quiero y no quiero sentirme tan fastidiado por tu impuntualidad. Así que me voy a adelantar y voy a "empezar" a hacer lo que sea que hayamos planeado hacer a la hora acordada, sea que signifique ordenar la comida o empezar a trotar por nuestra ruta."* A continuación, implementó una rutina de tiempo especial, telefoneando a su hermano cada domingo por la tarde, para conversar y ver cómo se encontraba, sin tomar en cuenta si recientemente tuvo que "empezar" sin él.

Mindy estaba harta de sentirse furiosa e impotente mientras su jefe intensificaba sus críticas públicas hacia ella. Pero al leer este libro, se dio cuenta que estaba estancada en el desaliento, sufriendo en silencio y actuando como si no se mereciera más respeto de él porque había cometido un error. Pero algo tenía que cambiar, sabía que dejaría el trabajo si las cosas no cambiaban. Mientras pensaba en su asunto de poder (o como ella lo pensaba en su caso *falta de poder)*, se enfocó en las opciones que tenía y decidió *pedirle ayuda.* La siguiente mañana, Mindy le dijo a su jefe en privado, *"Deseo hacer el mejor trabajo posible, y sé que tengo mucho que aprender. Veo lo mucho que odia cuando me equivoco, yo también lo odio. Así que le pido me ayude. Cuando lo saca a relucir en frente de todos, como ayer, me siento demasiado irritada como para aprender cualquier cosa o cambiar lo que sea la siguiente vez, así ninguno gana. ¿Podría ayudarme a aprender y hacer mejor las cosas al hablarlo conmigo en privado cuando algo así suceda?"* Aunque su jefe accedió a regañadientes, Mindy ya había decidido qué podía hacer si su jefe la humillaba durante una junta nuevamente. Se había imaginado a sí misma sugiriendo que podrían tratar el asunto en más detalle un poco más tarde. Incluso fantaseó excusándose de la sala mientras él continuaba, y aunque deseaba no tener que llegar a tanto, se sentía preparada.

Gracia estudió la table y supo de inmediato que sus asuntos consigo misma eran asuntos de justicia. Reconoció el atracón que tuvo en su casa luego de haber saqueado los dulces de su hijo como una venganza por su "transgresión". Para entonces su decepción se había convertido en repulsión. Tenía lágrimas en sus ojos, mientras leía las columnas E y F, "No puedo ser querida o amada" y "Me siento herida". La idea de sentirse alentada se veía muy lejos. Gracia tuvo que leer la Columna G en voz alta tres veces antes de empezar a aceptar, y se pudo comprometer a intentar al menos una cosa. Escogió, "Reconocer los sentimientos de dolor, cambiar los sentimientos de dolor en compasión, calmarse y luego usar la resolución de problemas; alentar las fortalezas." Aunque se sintió ridícula la primera vez, continuó diciéndose a sí misma que se sentía herida y que no era una mala persona. Luego, cuando se sintió más calmada, pidió a un amigo que le ayude a hacer resolución de problemas. Juntos pensaron sobre algunos bocadillos saludables que Gracia consideraba deliciosos, y proveyeron la casa con ellos. Incluso preguntó a sus hijos si querían tirar o esconder sus dulces de ella.

Convencida como estaba de la incapacidad de su esposo para cambiar, Whitney casi se salta la parte del propósito del comportamiento en el libro. Dudaba que la información podía serle útil a alguien en una situación como la de ella. Pero la mandona de Bárbara le puso copias del cuadro en su bolsa, en el refrigerador, en la guantera del auto, y en muchos otros lugares, hasta qe Whitney gritó "¡Por Dios!" y resignadamente empezó a leerlo en voz alta. Al leer la última fila de la tabla y toparse con palabras como "desesperado", "darse por vencida", "Retirarse" y "no hay sentido en intentarlo", una luz se prendió en su cara como un árbol de Navidad. Dijo que cuando leyó la Columna F, Imagínate a la otra persona diciendo… "No te des por vencida conmigo y muéstrame un pequeño esfuerzo" solo le daban ganas de llorar. *"Eso es lo que yo deseo"* dijo, *"y creo que él debe querer lo mismo"* Whitney y su esposo ofrecen un buen ejemplo de cómo el mal comportamiento, el desaliento pueden ser contagiosos. Preguntó a su esposo si podían trabajar en no darse por vencidos, reconociendo que ambos habían cometido errores. También sugirió el buscar un buen terapeuta que los ayude a sanar su relación tan dañada y que les muestre pequeños pasos para el cambio.

Actividad de Concientización: Comportamientos útiles e inútiles cuando eras niño.

1. Recuerda la época de cuando eras un niño. Escoge una edad.

2. Escribe lo que hacías para ganar reconocimiento/atención cuando tenías esa edad.

3. Ahora escribe lo que hacías para ganar poder y tener voz en tus años de adolescente.

4. Escribe descripciones de momentos en los que te sentiste herido, y luego haz una lista de las cosas que hiciste para remediar la situación.

5. Escribe descripciones de momentos en que te sentiste sin esperanza, e impotente. ¿Qué hiciste para sentirte más alentado?

6. Fíjate en tus listas si tus comportamientos eran útiles o inútiles; y si te sentías alentado o desalentado intentando lograr lo que deseabas.

Actividad de Concientización: ¿Cuál es el propósito de tu "diagnóstico"?

¿Tienes un diagnóstico que tea plicas a ti mismo? ¿Es acaso un desbalance químico, una depresión crónica, DDA, TOC, analfabetismo informático, alergia, ineptitud social, pereza, trastorno en el aprendizaje, o algo más? Pregúntate a ti mismo ¿de qué manera tu diagnóstico te ha ayudado a ganar reconocimiento/atención, poder/control, Justicia/equidad, habilidades/capacidades?

Plan de Acción: Usa el aliento en tiempo real

No importa ante qué tipo de mal comportamiento te enfrentes, el aliento es el antídoto universal. Al revisar la Columna G del cuadro, encontrarás que muchas de las sugerencias alentadoras, incluyendo las que están a continuación, se pueden aplicar a más de una meta. Te puedes alentar a ti mismo al escribir lo que ya haces bien, y al tomar notas de lo que intentarás en tu camino a ser un Consultor de Encouragement para ti y para los demás.

Aliento para cada Meta

Algunos consejos de comunicación y de comportamientos proactivos son útiles sin importar el tipo de desaliento al que te enfrentas. Echa un vistazo:

- **Solo di no**. Si no quieres hacer algo, es perfectamente aceptable decirlo. No necesitas buscar excusas del tipo "Estoy enfermo", o "Me olvidé". Podrías decir, "Ojalá pudiera, pero no." No permitas que alguien te tuerza el brazo, o te acose hasta que cambies de parecer. Ellos sobrevivirán, y tú también. Esta es una manera especialmente efectiva de cambiar el portarse mal por el aliento cuando te sientes culpable y piensas que es tu deber arreglarlo todo.

- **Solo di lo que quieres**. Cuando quieres que te noten, te aprecien, o te den un cumplido por algo, díselo a alguien y pídelo. El pedir es directo y respetuoso, mientras que mandar indirectas es fastidioso. Las personas no leen la mente, por lo tanto, quizá nunca sean capaces de adivinar lo que quieres o necesitas a menos que se lo digas. Cuando te sientes enojado o enfadado, el ser emocionalmente honesto es una forma genial de alejarse del mal comportamiento y de ayudar a otros a ser más respetuosos. Si te sientes herido, puedes admitirlo. Si estás demasiado cansado, dilo. Si estás aburrido y quieres hacer algo diferente, responsabilízate de tus sentimientos, no tienes que culpar a nadie. Solo cuida de ti mismo.

- **Muestra que te importa**. Planea tiempo especial con las personas importantes de tu vida, para que no tengan que rogar por tu atención. Si para ti es importante pasar tiempo con alguien para que sepan cuánto te importan, ponlo en tu calendario o establece una cita regular. Podría ser una comida juntos, o una cita para salir a caminar, o algo tan sencillo como una llamada telefónica.

- **Hazlo manejable**. Si algo te parece demasiado difícil, pide a alguien que te espere hasta que estés listo, o pídele que te muestre un pequeño paso para empezar. Si tus esfuerzos para mejorar una situación no te están llevando a ningún lado, deja que el tiempo pase e intenta nuevamente en otra ocasión. Si te sientes sin esperanza o impotente, está bien decir, *"Estoy listo para trabajar en esto cuando tú lo estés. Déjame saber cuando estés listo."*

- **Sepárate físicamente**. Esta podría ser una solución buena para cualquiera de los comportamientos desalentados. Podría ayudar a ignorar ese pedido de atención indebida; evitar involucrarte en una lucha de poder; retener las represalias de un intento desalentado por justicia; o podría darte tiempo para pensar y restaurar tu confianza en otros cuando estén tratando de convencerte de que te des por vencido con ellos.

- **Di lo que sientes, pide lo que quieres y escucha sin criticar**. Te sentirás mejor, incluso si no cambia tu relación.

- **Decide lo que harás para atender tus propias necesidades, plantear límites, y mantenerte amable y firme**. Estas también son respuestas proactivas a cualquier comportamiento equivocado. Incluso si no puedes impactar positivamente a alguna relación, estarás practicando habilidades que te ayudarán en otras situaciones.

Personas Ayudando a Personas. Pasos para Resolver Problemas

Si has estudiado la Disciplina Positiva, probablemente has participado del proceso de Padres Ayudando a Padres, pasos para resolver problemas, o el Maestros Ayudando a Maestros, pasos para resolver problemas. Como un Consultor de Encouragement, con algunas modificaciones, puedes usar estos pasos para ayudarte a ti mismo y a otros a sentirse mejor y a que les vaya mejor.

Les mostrarás cómo encontrar soluciones para problemas de la vida real, para que puedan seguir adelante sintiéndose alentados y con esperanza. ¿Te has dado cuenta lo sencillo que es buscar soluciones para los problemas de los demás? La razón es obvia. Puedes traer objetividad y perspectiva a los problemas de otros cuando no te involucras emocionalmente. Igual que te es más fácil ayudar a alguien más a solucionar sus problemas, a un amigo le será más sencillo ayudarte a ti a solucionar los tuyos -al usar los Pasos de Resolución de Problemas. El truco está en *seguir los pasos exactamente y confiar en el proceso.*

Usa los pasos para alentar a alguna persona que está pasando por un problema. No es necesario escribir nada más que las sugerencias de la lluvia de ideas. Los pasos llevarán a la persona con el problema hacia un plan de acción.

Si estás trabajando con un grupo de personas, asegúrate que todos los miembros del grupo tengan una copia de los pasos para que puedan acompañar el proceso mientras tú vas por cada uno de ellos. Ahora siéntate y has las preguntas a tu amigo.

Plan de Acción: Personas Ayudando a Personas, Pasos para Resolver Problemas (PAP)

[Modificado del trabajo de Lynn Lott y Jane Nelsen]

1. Sostén una copia de estos pasos en frente tuyo y cubre los pasos con una hoja en blanco, excepto el primero. Ve descubriendo los pasos uno a uno según vas leyéndolos y respondiendo. No analices o añadas información que no está escrita en el paso. Sí, es correcto, ¡NO ANALICES!

2. Pregunta a la persona que tiene el problema "¿Con quién o con qué estás teniendo el problema?"

3. Pídele que titule en una palabra o frase corta su problema.

4. Pídele que describa la última ocasión en que sucedió el problema. Pídele que use suficientes detalles y diálogos (como en el guión de una película) para que el problema pueda ser dramatizado en un paso posterior. Pregúntale "¿Qué hiciste?", "¿Qué hizo la otra persona?", "Qué pasó luego?", "¿Y qué más pasó?".

5. Pregunta "¿Cómo te sentiste?" si tiene dificultad al expresar sus sentimientos (los sentimientos son por lo general una sola palabra) refiérele a la Columna B de la tabla de *Rompiendo el Código del Mal Comportamiento* y pídele que escoja el grupo de sentimientos que mejor le calza.

6. Basándote en los sentimientos que expresa, usa la tabla para hacer una hipótesis de la meta equivocada de la otra persona en la situación.

7. Pregunta "¿Estarías dispuesto a intentar algo más?"

8. Prepara la actuación de una dramatización de la escena que la persona describió. Recuerda que no serán necesarios más de uno o dos minutos para dar toda la información necesaria. Deja que la persona con el problema haga el rol de la persona con quien está teniendo el problema, y tu o alguien en el grupo hará el rol de la persona que busca ayuda.

9. Después del juego de roles, cada uno de los actores compartan lo que estaban pensando, sintiendo y decidiendo (qué les daba ganas de hacer) como la persona que estaban representando.

10. Todos los presentes pueden hacer una lluvia de ideas de posibles soluciones al problema. Escribe todas las ideas. Usa la Columna G de la tabla o refiérete a las *Tarjetas de Herramientas de Disciplina Positiva* para tener más ideas.

11. Pide a la persona con el problema que escoja una sugerencia que esté dispuesta a intentar por una semana.

12. Haz una nueva dramatización con la sugerencia escogida para poder practicar. Esta ocasión, pide a la persona que se represente a sí misma. Tú o alguien más del grupo podrá hacer el papel de la persona con quien está teniendo el problema. Procesa los pensamientos, sentimientos y decisiones de los implicados, tal como lo hiciste en el punto 9.

13. Pregunta a la persona con el problema si estaría dispuesta a intentar la sugerencia por una semana y compartir los resultados contigo al final de la misma.

14. Agradece y da apreciaciones a la persona que compartió el problema por el trabajo que acabó de realizar.

PAP en Acción

Aquí transcribimos cómo fue el proceso para Joel, en un pequeño grupo de amigos que estaban estudiando *Terapia Hazlo Tú Mismo*, y que se reunían regularmente para acompañarse y apoyarse además de discutir lo que estaban aprendiendo.

1. Sostén una copia de estos pasos en frente tuyo y cubre los pasos con una hoja en blanco, excepto el primero. Ve descubriendo los pasos uno a uno según vas leyéndolos y respondiendo. No analices o añadas información que no está escrita en el paso. Sí, es correcto, ¡NO ANALICES!

2. Pregunta a la persona que tiene el problema "¿Con quién o con qué estás teniendo el problema?"

Estoy teniendo un problema con mi incapacidad para controlar mi alimentación.

3. Pídele que titule en una palabra o frase corta su problema.

"Me doy demasiados gustos"

4. Pídele que describa la última ocasión en que sucedió el problema. Pídele que use suficientes detalles y diálogos (como en el guión de una película) para que el problema pueda ser dramatizado en un paso posterior. Pregúntale "¿Qué hiciste?", "¿Qué hizo la otra persona?", "Qué pasó luego?", "¿Y qué más pasó?".

Me digo a mí mismo que voy a ser bueno en lo que como y cómo lo como. Lo cumplo hasta cierto punto y luego me frustro o me distraigo y empiezo a comer lo primero que aparece. Cuando hago eso, en el mismo momento se siente bien y en un nanosegundo me siento muy molesto conmigo. Intento volver a encaminarme y a tener pensamientos positivos. Me digo a mí mismo. "Cometí un error y puedo intentarlo nuevamente", pero me cuesta mucho superar el sentimiento de estar decepcionado de mí mismo.

Paso bastante tiempo castigándome. Probablemente no como nada en un tiempo. Y vuelvo a estar en contacto conmigo diciendo: "Déjame intentarlo de nuevo", y tengo la esperanza de que tal vez la próxima vez podré hacer algo para parar este comportamiento.

5. Pregunta "¿Cómo te sentiste?" si tiene dificultad al expresar sus sentimientos (los sentimientos son por lo general una sola palabra) refiérele a la Columna B de la tabla de *Rompiendo el Código del Mal Comportamiento* y pídele que escoja el grupo de sentimientos que mejor le calza.

Decepcionado, frustrado, esperanzado, avergonzado

6. Basándote en los sentimientos que expresa, usa la tabla para hacer una hipótesis de la meta equivocada de la otra persona en la situación.

Venganza

7. Pregunta "¿Estarías dispuesto a intentar algo más?"

Sí

8. Prepara la actuación de una dramatización de la escena que la persona describió. Recuerda que no serán necesarios más de uno o dos minutos para dar toda la información necesaria. Deja que la persona con el problema haga el rol de la persona con quien está teniendo el problema, y tu o alguien en el grupo hará el rol de la persona que busca ayuda.

Lynn (como los pensamientos de Joel): *Oye, estás hambriento. Ve por algo de comer.*

Joel: *No, esta vez voy a comer mejor.*

Pensamientos de Joel: *No seas ridículo. Te vas a aguantar por un rato y terminarás en la pastelería. Solo deja la miseria y ve a la pastelería de una vez.*

Joel: *Pero me siento terrible conmigo mismo cuando hago eso.*

Pensamientos de Joel: *A tu edad, puedes dejar de preocuparte por tu peso y comer lo que te plazca.*

9. Después del juego de roles, cada uno de los actores compartan lo que estaban pensando, sintiendo y decidiendo (qué les daba ganas de hacer) como la persona que estaban representando.

Lynn, como los pensamientos de Joel: *Estaba pensando, esto es solo un juego, que podría jugar infinitamente. Me sentía determinada a aferrarme hasta lograr lo que quería, de preferencia algo ¡dulce! Lo que decido hacer es desgastar a Joel hasta salirme con la mía. Es como un Viejo hábito que hago sin siquiera pensar.*

Joel: *Estoy pensando que estoy absolutamente confundido sobre mi yo inconsciente. Me siento frustrado. Estoy yendo y viniendo en mi cabeza por un lado pienso que puedo romper este ciclo y por otro admito que nunca podré hacerle frente.*

10. Todos los presentes pueden hacer una lluvia de ideas de posibles soluciones al problema. Escribe todas las ideas. Usa la Columna G de la tabla o refiérete a las *Tarjetas de Herramientas de Disciplina Positiva* para tener más ideas.

Convertirse en un monje trapense que solo come cuando alguien le da algo.

Hablar con alguien más que consigo mismo.

Unirse a un grupo de apoyo como Comedores Compulsivos Anónimos.

Inscribirse en un programa que te trae la comida y solo comer lo que traen.

Decirte a ti mismo que eres lo suficientemente grande para comer lo que desees y dejar de preocuparte por ello.

Seguir haciendo lo que has venido haciendo, esperando que lo que no ha funcionado con el tiempo lo hará.

Establecer una rutina.

11. Pide a la persona con el problema que escoja una sugerencia que esté dispuesta a intentar por una semana.

Establecer una rutina.

12. Haz una nueva dramatización con la sugerencia escogida para poder practicar. Esta ocasión, pide a la persona que se represente a sí misma. Tú o alguien más del grupo podrá hacer el papel de la persona con quien está teniendo el problema. Procesa los pensamientos, sentimientos y decisiones de los implicados, tal como lo hiciste en el punto 9.

Joel: *He creado una rutina y me voy a apegar a ella.*

Pensamientos de Joel: *Sabes que no lo harás. Nunca lo haces.*

Joel: *Cuando me engaño a mí mismo me siento mal al final. Quiero dejar de engañarme a mí mismo.*

Pensamientos de Joel: *¿Qué va a ser diferente?*

Joel: *Me voy a sentar y escribir una rutina tan pronto salga del trabajo.*

Pensamientos de Joel: *Eso me suena familiar. Pienso que lo vas a escribir y luego seguirás haciendo lo mismo de siempre.*

Joel: *Lo haré al salir del trabajo, y cuando termine, llamaré a mi esposa.*

13. Pregunta a la persona con el problema si estaría dispuesta a intentar la sugerencia por una semana y compartir los resultados contigo al final de la misma.

    Sí

14. Agradece y da apreciaciones a la persona que compartió el problema por el trabajo que acabó de realizar.

    Lynn: *Aprecio mucho tu ayuda en darme un muy buen asunto para* Terapia Hazlo Tú Mismo. *Estoy segura que muchas personas se van a identificar con este problema y obtendrán ayuda de tu trabajo. Aprecio tu honestidad en hablar sobre este asunto. Sé que no es fácil.*

Flash Informativo: *Nosiempre podrás mejorar las relaciones.*

Hay situaciones en las que no serás capaz de curar o mejorar una relación. Si alguien no está disponible o no dispuesto a comunicarse con respeto; se rehúsa a considerar su propio comportamiento, no coopera o resuelve los sus problemas, y no se esfuerza, tu única opción es alentarte a ti mismo. El aliento no es una herramienta para manipular a los demás para que hagan lo que tú quieres que hagan. Más bien, es una manera de influenciar en la atmósfera de tus relaciones, lo que en retorno invita (pero no garantiza) una interacción más saludable. Algunas personas no quieren cambiar, no importa cuán alentador tú seas.

Es importante recordar que las personas desalentadas a menudo no calculan o premeditan su comportamiento cuando intentan satisfacer las necesidades en sus relaciones de una manera inútil. Una vez que hayas entendido el propósito del comportamiento, puedes atraparte a ti y a los demás usando formas desalentadoras de lograr las cuatro metas humanas universales. Puedes convertirte en una persona alentadora, en lugar de reactiva en tu respuesta. Los amigos, los miembros de la familia, participantes en un taller, estudiantes, y clientes, nos han dicho que una vez que han entendido que el comportamiento no era causado por los sentimientos, las circunstancias, o los hechos, les cambió permanentemente la forma de ver sus interacciones con los demás. Sabemos que cambiar tu comportamiento para que sea más alentador es una tarea intensa y requiere mucha práctica. Las actividades de concientización y los planes de acción en este libro te ayudarán a ti y a las personas a quienes estás ayudando a lograrlo.

Semana 5—
Tortugas, Águilas, Camaleones y Leones.

¿Eres un águila, un león, un caméleon o una tortuga? ¿Quieres descubrirlo? Este será uno de los conceptos más interesantes que aprenderás y usarás como un Consultor de Encouragement. No es inusual pensar que todos somos exactamente iguales, y que cuando los otros se comportan de una manera que no nos gusta, significa que se están haciendo los difíciles. Una vez que entiendas mejor lo que nosotros llamamos "Carta Alta", te darás cuenta que hay cuatro tipos de personalidad distintos. Cada tipo requiere un cuidado y alimentación diferente para mejorar en las relaciones. Esta información puede ayudarte a aceptar más la realidad de cada persona y a aceptar más tus propias características.

Esta semana descubrirás cómo a veces tú mismo no te permites realizar cambios al protegerte cuando te sientes estresado o asustado. Aprenderás a identificar tu Carta Alta, entenderás lo que sucede cuando la usas, y reconocer que puedes romper tu resistencia al cambio al encarar tus miedos. Te mostraremos cómo al "jugar" con tu Carta Alta se afectan tus relaciones primarias, y te revelaremos formas de hacer cambios que inviten a mayor cooperación y menos conflictividad. Una vez que puedas entenderte mejor de esta manera, te darás cuenta cuánto puedes usar la Carta Alta para alentar a otros también.

Hora de saltar, de volar, de arrastrarse o de nadar. Para identificar tu animal, necesitas entender un poco más sobre el *estrés*. Es un término común que todos usan, pero generalmente no en la manera en que te vamos a mostrar. El diagrama a continuación muestra cómo vamos a entender el *estrés*: Es la distancia entre como tú crees que la vida debería ser y cómo realmente son las cosas. Mientras más grande el espacio en medio, más grande será el *estrés*.

Cómo crees que la vida debe ser

ESTRÉS

Cómo la vida realmente es

Cada uno de los animales que mencionamos manejaría el estrés de diferente manera. El león rugiría y atacaría; el águila volaría a su nido o se sostendría en el aire térmico; e camaleón cambiaría de color para camuflarse; y la tortuga podría irse nadando o se metería en su caparazón.

Estos animales, cuando no están estresados, podrían desplegar una amplia variedad de comportamientos, pero lo que hacen cuando están estresados es lo que llamamos "jugar

---

su Carta Alta". Es como escoger la carta que mostrarás para influenciar las apuestas en un juego de póquer. Es un comportamiento defensivo, una reacción refleja que ocurre sin pensar o sin planear. Para lidiar con situaciones estresantes en que la vida no calza con las expectativas, el león a menudo busca estar en lo correcto, el águila puede evitar la realidad y dejar las cosas para el último, el camaleón busca complacer a los demás, y la tortuga busca evitar el conflicto. Cuando están estresadas, las tortugas también son capaces de sacarle la cabeza a otro de un mordisco o de hacer chasquidos que logran que el otro salga a esconderse.

Actividad de Concientización: ¿Qué animal eres?

Esta es la forma más rápida de descubrir tu Carta Alta personal. (Lott aprendió este método de Bill y Mim Pew a mediados de los años 70, y ha compartido su propia versión desde entonces). Dibuja cuatro cajas en un papel. Dibuja unos lazos encima de cada caja. Etiqueta cada caja según su propio contenido: Uno contiene *Estrés y Dolor*, otro contiene *Rechazo y Fastidio*, El otro *Críticas y Humillación* y el último contiene *Sin sentido y Falta de importancia*. Imagina que estos regalos llegan a tu puerta. Tu trabajo es llevarte tres de ellos y lidiar con lo que hay  dentro. Puedes escoger uno para dejarlo sin abrir en el pórtico, de tal manera que nunca tengas que verte con su contenido.

¿Cuál de estas cuatro cajas dejarías afuera para evitar lidiar con ella? No pienses demasiado. Sólo escoge la que primero te parezca. Siempre puedes cambiar de parecer luego si crees que te equivocaste.

Si eliges

Rechazo y Fastidio —**Entonces tu estilo de personalidad se llama**

Complacencia (Eres como un **Camaleón**)

Probablemente cuando te estresas Tu...

Actúas de forma amigable. Dices "sí" queriendo decir "no.

Te preocupas más por lo que los otros desean que por tus propias necesidades.

Chismorreas en lugar de confrontar directamente.

Intentas arreglar todo para que todos estén contentos.

Ruegas para que te comprendan. Te quejas.

Te acostumbras. Trabajas duro. Piensas en lo peor.

Te quedas en silencio, como los venados ante los faros.

Te vuelves muy razonable y evitas tus propios sentimientos.

Lloriqueas y sientes lástima por ti mismo. Haces listas.

Tienes muchas fortalezas y dones

Sensible ante los demás. Tienes muchos amigos. Eres considerado.

Comprometido.

No eres amenazador. Te ofreces de voluntario. La gente cuenta contigo.

Ves lo positivo de la gente y de las cosas.

Puedes ser amoroso y fácil de amar, cuando no estás buscando aprobación.

Algunos de los problemas que atraes o con los que te enfrentas

Invitas a ciclos de venganza y a que los otros se sientan rechazados.

Te sientes resentido e ignorado. Te metes en problemas por intentar verte bien, mientras haces mal.

No obtener las cosas como las quieres.

Reduces tu crecimiento personal.

Pérdida del sentido de tu propio ser y de lo que te agrada.

Lo que necesitas de otros cuando estás estresado

Que te digan cuánto te quieren. Mucho contacto físico.

Que muestren aprobación. Que muestren apreciación.

Que te dejen saber que no te vas a meter en problemas si dices lo que realmente sientes.

Necesitas trabajar en:

Ser más honesto y decir lo que piensas y sientes. Decir "NO" y decirlo en serio.

Dejar que los otros tengan sus sentimientos.

Recordar que el comportamiento de los otros es sobre ellos no sobre ti.

Pasar tiempo a solas y abandonar el tratar de complacer a todo el mundo.

No tengas miedo de pedir ayuda o buscar otro punto de vista.

Lo que anhelas

Hacer lo que quieres mientras los otros aplauden. Que los otros te quieran, te acepten y sean flexibles.

Que los otros te cuiden y que hagan que las molestias desaparezcan.

Si eliges

Críticas y Ridículo/Humillación —**Entonces tu estilo de personalidad se llama**
Control (Eres como un **Águila**)

Probablemente cuando te estresas Tu...

Te contienes. Mandoneas a los demás. Organizas. Discutes.

Te quedas callado y esperas que los otros te convenzan.

Lo haces tu mismo. Tragarte tus sentimientos cubrir todas las bases, antes de hacer un movimiento.

Quejarte, suspirar y enojarte. Procrastinar.

Explicar/Defenderse.

Hacer alguna actividad física. Poner una muralla.

Tienes muchas fortalezas y dones

Buen líder y buen gestor de crisis.

Asertivo. Persistente. Organizado. Productivo.

Respetuoso de la ley. Obtienes lo que quieres. Capaz de lograr los objetivos y resolver problemas.

Hacerse cargo de situaciones.

Puedes ser una persona generosa y ecuánime cuando no estás buscando el control.

Algunos de los problemas que atraes o con los que te enfrentas

Falta de espontaneidad. Distancia social y emocional. Quieres evitar que los otros encuentren tus puntos débiles. Invitas a las luchas de poder. Puedes enfermarte.

Evitas lidiar con asuntos cuando te sientes criticado.

Te pones a la defensiva en lugar de abrirte.

A veces esperas a que te den permiso.

Críticas y encuentras el error o la falla.

Lo que necesitas de otros cuando estás estresado

Que te digan que está bien.

Que te den opciones. Dejándote guiar o liderar.

Que te pregunten cómo estás.

Que te den tu tiempo y espacio para esclarecer tus sentimientos.

Necesitas trabajar en:

Recordar que tú no eres responsable de lo lo que hacen los demás.

Dejar de resolver problemas que no tienes y dar un pequeño paso de acción.

Parar y escuchar a los demás en lugar de abandonar.

Piensa en lo que quieres y pídelo.

Escucha en lugar de ponerte a la defensiva. Pide ayuda y solicita opciones. Delega.

Lo que anhelas

Estar en control, a pesar de que otros puedan ser mejores o más listos.

Obtener respeto, cooperación y lealtad.

Que otros confíen en ti y te den permiso para hacer lo que deseas. Tener opciones e ir a tu propio ritmo.

Si eliges

Sin sentido y Falta de Importancia—**Entonces tu estilo de personalidad se llama**

Superioridad (Eres como un **León**)

Probablemente cuando te estresas Tu…

Hacer de menos a las personas o a las cosas. Castigarte a ti mismo.

Hablar sobre lo absurdo del a vida. Corregir a otros.

Hacer demás. Abarcar demasiado.

Preocuparte por cómo ser mejor cada vez. Operas desde los "debería".

Desviarte y cambiar el campo de juego. Llorar, gritar o quejarte con otros.

Atrincherarte y volverte testarudo. Ponerte indeciso.

Volverte un experto. Buscar quién te defienda. Pelear, sea o no necesario.

Tienes muchas fortalezas y dones

Persona conocedora y culta. Precisa.

Idealista.

Puedes lograr hacer muchas cosas.

Haces reír a la gente. Recibes muchos elogios, condecoraciones y premios. No tienes que esperar a que los otros te digan qué hacer para hacerlo.

Tienes mucha confianza en ti mismo.

Puedes ser una persona profunda y significativa cuando no estás buscando estatus.

Algunos de los problemas que atraes o con los que te enfrentas

Abrumado. Sobrecargado.

Invitas a otros a sentirse incapaces e insignificantes.

Visto como un sabelotodo, o como rudo y grosero, y no se da cuenta que eso puede ser un problema. Nunca está contento, porque pudo haberlo hecho mejor.

Tiene que lidiar con tanta gente imperfecta a su alrededor.

A veces no haces nada.

Pasas mucho tiempo dudando de tu propia valía.

Lo que necesitas de otros cuando estás estresado

Que te digan lo significativo que eres.

Que te agradezcan por tus contribuciones.

Que te ayuden a empezar con un pequeño paso.

Que te digan que tienes razón.

Necesitas trabajar en:

Deja de buscar culpables y empieza enfocarte en buscar soluciones.

Dar crédito a quién se lo merece, incluyéndote a ti mismo.

Fíjate en lo que tienes en lugar de lo que no tienes. Muestra interés en los demás y sé curioso con ellos.

Sal a caminar, haz ejercicio come algo saludable.

Lo que anhelas

Hacer lo mejor. Que te aprecien y reconozcan. Lograr una conexión espiritual.

Que te digan que tienes la razón.

Si eliges

Estrés y Dolor—Entonces tu estilo de personalidad se llama

Comodidad o Evitación (Eres como una **Tortuga**)

Probablemente cuando te estresas Tu...

Haces chistes. Intelectualizas.

Haces sólo lo que sabes que haces bien. Evitas experiencias nuevas.

Tomas el camino de menor resistencia. Dejas oraciones inconclusas.

Evitas tomar riesgos.

Te escondes para que nadie se de cuenta que no eres perfecto.

Reaccionas de forma exagerada. Te quejas, Lloras, Gritas.

Microgestionas y consientes a otros. No pides ayuda.

Te refugias en tu caparazón.

Atacas como una tortuga mordedora. Cierras tu corazón.

Tienes muchas fortalezas y dones

A la gente le gusta estar cerca de ti. Eres flexible. Haces bien lo que sabes hacer. Eres agradable. Sabes cuidarte y satisfaces tus necesidades. Haces que los demás se sientan cómodos. Puedes ser valiente y con gracia cuando no estás buscando la comodidad.

Algunos de los problemas que atraes o con los que te enfrentas

Sufres de aburrimiento. Perezoso.

Falta de productividad. Difícil de motivar.

No haces tu parte.

Invitas a atención y servicio especial.

Te preocupas mucho, pero nadie se entera de lo asustado que estás.

Te pierdes en el contacto y compartir.

Haces malabares con las situaciones incómodas en lugar de enfrentarlas.

Esperas que los otros cuiden de ti en lugar de lograr tu independencia.

Invitas a otros a sentirse estresados.

Lo que necesitas de otros cuando estás estresado

Que no interrumpan.

Que te escuchen en silencio.

Que te den tu espacio.

Que muestren confianza y fe en ti.

Que te alienten a dar pequeños pasos.

Necesitas trabajar en:

Crear una rutina propia. Dar la cara y quedarte, aunque al inicio solo sea para mirar.

Hablar alto y hacer preguntas, o decir lo que quieres en lugar de asumir. Decir a otros cómo te sientes.

Pedir a alguien que te acompañe a hacer las cosas a tu propio ritmo hasta que estés cómodo. Compartir tus talentos con los demás.

Lo que anhelas

Que las cosas sean tan fáciles como parecen.

Que te dejen solo, para tener tu propio espacio y paz. No quieres discutir.

––––––

Si escogiste estr és y dolor, eres la Tortuga y tu Carta Alta se llama "comodidad/evitación". ¿Escogiste rechazo y fastidio? Si es así tu Carta Alta se llama "Complacencia" y eres el camaleón. Para los que escogieron Sin sentido y falta de importancia, son el león, y su Carta Alta se llama "Superioridad". Finalmente, los que escogieron críticas y ridículo/humillación, son águilas, su Carta Alta se llama "Control".

Antes de que cambies de opinión, mira a la Tabla de la Carta Alta. Si lees sobre la carta que escogiste y encuentras información en la tabla que no te parezca tenga que ver contigo, sigue leyendo hasta que encuentres la carta que más se acerca a lo que piensas de ti mismo. La mayoría de personas que leen la table se encuentran en alguna de las opciones sin mayor problema. Si aún sigues confundido, simplemente escoge una carta para trabajarla como hipótesis. Siempre podrás cambiarla después.

Las personas a menudo preguntan si su Carta Alta puede cambiar. Si en un principio escogiste la equivocada, sí, en efecto cambiará. Pero una vez que hayas limitado tu opción a una carta en particular, es poco probable que cambie. Tú puedes tener una segunda carta, con la que "juegas" cuando no estás estresado. Esta carta es tu estilo diario. A veces esa carta se refleja en tu segunda opción del paquete que quisieras dejar en la puerta.

Actividad de Concientización: Usando la Tabla de la Carta Alta

Si no lo has hecho ya, ahora sería un buen momento para mirar la Tabla de la Carta Alta y leer acerca de ti. Encierra las características que calzan contigo bajo cada una de las columnas. Piensa en tu Animal de la Carta Alta y las características que tienes en común con él. Recuérdate que tu Carta Alta no es mala ni buena, pero el ser consciente de ella te puede ayudar.

Actividad de Concientización: Estrechando el Estrés

(Gracias a Jane Nelsen)

Aquí está una sencilla actividad para ayudarte a reducir el estrés. Toma una hoja de papel. En la parte de arriba de la hoja, escribe unas pocas palabras de cómo crees que la *vida debería ser*. Ahora ve a la parte de abajo de la hoja y escribe como *la vida es realmente*. Nota la diferencia entre las dos representaciones. ¿Qué tan separadas están? La "distancia" entre ellas, es tu nivel de estrés. Si son muy diferentes -como para la mayoría de las personas- intenta lo siguiente:

1. Dobla la parte de debajo de la hoja hacia arriba, de tal modo que el *cómo la vida es realmente* quede justo debajo de como la *vida debería ser*.

2. Ahora que puedes ver las dos "figuras" juntas, ¿cómo te sientes y qué estás pensando? En este punto, muchas personas se empiezan a reír y se sienten más calmadas. Muchas personas dicen cosas como, "Voy a dejar de obsesionarme sobre esto y aceptar que las cosas son como son."

Cuando juegas tu Carta Alta

Mientras tengas un sentido de pertenencia y de trascendencia, actúas de manera que satisfaces las necesidades de la situación, contribuyes a tu propio bienestar, y contribuyes al bienestar de otros: Sacas a relucir las fortalezas de tu Carta Alta. Cuando crees que tu pertenencia y tu trascendencia están siendo amenazadas, te sientes estresado y con miedo, y reaccionas de forma instintiva para protegerte. Sacas a relucir las desventajas de tu Carta Alta en un intento por defenderte a ti mismo y mantener tu sentido de pertenencia y trascendencia intactos. Desafortunadamente, el momento que lo haces, te expones a recibir exactamente lo que intentas evitar (estrés y dolor, sin sentido y falta de importancia, rechazo y fastidio, críticas y humillación). Si tu Carta Alta es Comodidad/ Evasión, buscas una zona de confort al evitar tener que lidiar con las situaciones. Si tu Carta Alta es Control, tratas de controlar tus sentimientos, las situaciones o a las otras personas. Si tu Carta Alta es Complacencia, buscas encontrar lo que complace a los demás para darles lo que desean. Finalmente, si tu Carta Alta es Superioridad, tratas de lograr algo realmente grande o de hacer las cosas de manera perfecta para encontrar significado e importancia, o intentas que los demás se den cuenta o hagan lo que a tu parecer es importante.

Tu Carta Alta te dice lo que más temes, y lo que haces cuando crees que esos temores se han hecho realidad o están a punto de hacerlo. Es un catálogo de tus fortalezas (las cosas que son más adorables y buenas sobre ti) y también es un catalizador de tus desventajas (Algunas de las formas en que te saboteas a ti mismo, te "disparas a ti mismo en el pie").

Entender las Cartas Altas te ayudará a saber cómo alentar a otros, hablando desde sus diferencias, y también a pedir aliento de manera que hable a tus propias diferencias. Puedes dejar de compararte y de desesperarte, porque te darás cuenta que todos tienen ventajas y desventajas, fortalezas y debilidades y áreas que necesitan ser trabajadas para mejorar.

Cómo aprendiste a "jugar" sacando tu Carta Alta

Pasa un rato mirando a bebés y a niños pequeños. Te darás cuenta la manera en que observan lo que sucede a su alrededor, intentan algunas cosas, y luego estudian las respuestas que obtienen. Como tienen muy poca experiencia en la vida y pocas habilidades lingüísticas, sus conclusiones o "decisiones" acerca de ellos mismos, de los demás y del mundo en general se basan en sus sentimientos, al igual que en los gestos y sonidos de los demás. Cuando se sienten incómodos o amenazados, crean comportamientos de supervivencia.

Por ejemplo, un niño podría esconderse detrás de las piernas de su padre para evitar intentar algo nuevo (Comodidad/Evasión). Otro podría sentirse humillado cuando es regañado por algún comportamiento, retirándose a su cuarto para evitar futuras críticas (Control). Un tercer niño podría intentar ser lindo y encantador para hacer a los otros sonreír en lugar de que se frunzan (Complacencia). Un cuarto niño podría llorar en frustración cuando colorea fuera de la línea y rehusarse a continuar (Superioridad).

Como estos niños, tú también creaste una colección de comportamientos de supervivencia antes de cumplir los cinco años. Pudiste haber copiado comportamientos que viste en otras personas, o a través de la prueba y el error, fuiste perfeccionando comportamientos que pensaste salvaguardaban tu sentido de pertenencia y de trascendencia. Cada vez que te sentías amenazado, practicabas estas movidas protectoras que hemos llamado "sacar tu Carta Alta"

Si tu Carta Alta es la Comodidad, pudiste creer que, si algo era demasiado estresante, o demasiado doloroso o demasiado difícil, tú no estabas a la altura de la tarea y definitivamente no podías pertenecer y trascender. Si el Control es tu Carta Alta y pensaste que alguien te había criticado, o puesto en ridículo, te sentiste humillado ante la posibilidad que quizá no eras tan bueno como pensabas, y concluiste que no era posible que pertenezcas o trasciendas. Si tu Carta Alta es Complacencia, quizá estabas seguro que habías perdido tu pertenencia y trascendencia cuando los demás no estaban contentos contigo o con tu comportamiento o, o cuando creías que los otros te rechazaban. Por último, si tu Carta Alta es Superioridad, probablemente pensabas que, si no eras importante o la vida no tenía sentido, tú mismo perdías pertenencia o no podías trascender. Te volviste muy hábil en los comportamientos que practicabas con el fin de evitar perder pertenencia o trascendencia. Ahora, usas estos mismos comportamientos de forma automática en respuesta al *estrés*, miedo o amenazas percibidas.

Mientras más habilidades tengas, mejor funcionará tu vida. Sin embargo, cuando sacas tu Carta Alta, caes de forma reactiva en comportamientos protectores automáticos, y limitas tu capacidad para aprender nuevas habilidades. Tienes menos opciones disponibles y la vida se vuelve más estresante. Tu Carta Alta trabaja en contra tuya cuando la sacas inconscientemente o sin entendimiento. Cuando sacas tu Carta Alta en lugar de enfrentar tu miedo, terminas experimentando justo eso que estás intentando evitar.

Plan de Acción: Enfrenta tus miedos

Una vez que aprendas a reconocer tus comportamientos de supervivencia, puedes descubrirte en el acto y enfrentar tu miedo, en lugar de continuar automáticamente. Aquí te mostramos cómo:

Paso 1. Pregúntate "¿A qué tengo miedo?

Paso 2. Luego pregúntate, "¿Qué es lo peor que podría pasar si ese miedo se hace realidad?

Paso 3. Finalmente pregúntate, "Si lo peor llega a pasar ¿Soy capaz de manejarlo?"

Paso 4. Si tu respuesta es sí, Probablemente ya te estás sintiendo mejor y viendo nuevas opciones que no habías visto cuando simplemente te sumerges en tu comportamiento de Carta Alta automáticamente.

Pero digamos que tu respuesta fue *no*, tú piensas que no podrías lidiar con tu miedo, si llega este a suceder. O quizá no te sientes mejor, o no ves más opciones al momento de llegar al paso 4. Si cualquiera de estas afirmaciones, son ciertas para ti, o simplemente quieres profundizar más para aprender de tu miedo, puedes hacer lo siguiente:

1. Regresa al Paso 1; pregúntate "De qué tengo miedo?"

2. Escribe la respuesta.

3. Ahora pregúntate, "¿Qué es lo que me molesta de eso?"

4. Escribe la respuesta, y mientras la lees, pregúntate "y ¿qué es lo que me molesta de *eso*?"

5. Escribe la respuesta, y cuando leas esta respuesta, pregúntate otra vez, "¿y de *eso* qué es lo que me molesta?"

A medida que vas cavando más profundo, tus respuestas eventualmente empezarán a regresar al mismo asunto, relacionado con una o más de las cuatro metas: reconocimiento, poder, justicia y competencias (revisa el Capítulo 4). Una vez que entiendas tu miedo, serás capaz de encararlo y ver tus opciones. Como un Consultor de Encouragement, puedes hacer estas preguntas a otras personas cuando los percibas sacando su Carta Alta.

Plan de Acción: Respuestas proactivas ante comportamientos de la Carta Alta.

La próxima vez que estés tratando con alguien y sintiéndote enojado, herido, molesto, o incapaz, en lugar de ponerte a la defensiva, pregunta a la otra persona si se está sintiendo amenazada, asustada, o algo parecido. Al ser proactivo en lugar de reactivo, podrías ayudar a la persona a moverse de su sentimiento de amenaza a sentirse apoyada. Asegúrate de escuchar con cuidado sus respuestas, y no pienses que debes arreglar nada o probar nada a nadie. Simplemente escucha y agradece a la persona por compartir contigo.

Te mostramos algunas formas geniales para mejorar la comunicación y las relaciones con personas que están sacando sus Cartas Altas. (Gracias a Deb Cashen de Parenting Partnerships, Inc. por compartir esta información) Si no estás seguro cómo reconocer ante qué Carta Alta te estás enfrentando, refiérete a la tabla anterior.

- **Tortugas**: Cambia los negativos a positivos. Sonríe el lugar de engancharte en comportamientos cómodos, de confort. Evita dar servicio especial. Sé consistente con tus límites y valores. Brinda seguridad, muestra fe y expresa aprecio por las contribuciones. Pasen tiempo de calidad juntos.

- **Águilas**: Admite que no puedes obligar a nadie a hacer nada; pero pide ayuda para encontrar una solución que funcione para ambos. Cierra la boca, decide lo que harás, y actúa de forma amable y firme. Involucra a la otra persona en crear rutinas y practica el seguimiento consecuente. Expresa tu amor y cariño.

- **Camaleones**: Evita las represalias. Mantente amigable, esperando hasta que la otra persona se calme. Valida sentimientos heridos. Usa la honestidad emocional para compartir tus propios sentimientos. Usa la escucha reflectiva para expresar lo que te están diciendo. Coopera en resolución de problemas uno a uno. Muestra que te importa y usa el aliento.

- **Leones**: Reconoce cualquier intento positivo, no importa qué tan pequeño sea. Elimina toda expectativa de perfección. Enfócate en las cualidades y fortalezas. No te des por vencido. Invierte tiempo especial de forma regular con la otra persona. Ayúdalo a encontrar formas de ser útil. Expresa amor y cuidado.

Esos animales de la Carta Alta ¡te pueden ayudar a cambiar!

Uno de nuestros colegas, Steve Cunningham, nos introdujo a los animales de la Carta Alta, y estamos agradecidas por su humor y claridad. Compararte con un animal te puede ayudar a entender, a reírte de ti mismo y a cambiar tu propio comportamiento. Pedimos a personas con cada Carta Alta qué les ayudó a hacer cambios. A medida que leas lo que nos dijeron, presta especial atención a cómo puedes mejorar o empoderarte a ti mismo. Ten en mente que no todo lo que se aplica a personas con tu Carta Alta, será cierto para ti también. Sin embargo, al identificar lo que calza, aprenderás a reconocer a qué se parece tu propia versión de ese estilo de supervivencia.

Tortugas. Personas con Carta Alta de Comodidad.

"YO PUEDO"

Si tu Carta Alta es la comodidad, tienes mucho en común con la tortuga. A una Tortuga le gusta moverse a su propio paso. Está siempre en casa en su caparazón duro como roca, segura de sus enemigos. Cuando es amenazada, se mete dentro, o muerde para protegerse. Las tortugas han perdurado por siglos sin cambiar, pasando el día echadas al sol o nadando perezosamente. "Lenta pero segura, gana la carrera" describe la habilidad de la tortuga de hacerse cargo de lo que se necesita de una forma que no sea estresante. La tortuga es capaz de terminar la carrera sin desviarse del camino. ¿Te suena familiar?

Joanie saca una Carta de Comodidad/Evasión cuando se siente amenazada. Ella apoya la opinión de otros aun cuando no está de acuerdo, antes que ponerse en el foco de atención. Adora cuando alguien más es el que habla, a pesar de que usualmente está hablando a dos kilómetros por minuto en su cabeza. No hay nada malo con lo que piensa

Joanie, pero ella se retira, se esconde, y se cubre a sí misma para evitar atraer el escrutinio de los demás, solo en caso de que vaya a estar equivocada. Encontramos a mucha gente con Carta Alta de Comodidad/Evasión comparándose a sí mismas con otros que están más adelantados y decidiendo que es imposible para ellas hacerlo igual de bien o tan perfecto. Como Joanie, se retiran a su zona de confort antes de tratar algo nuevo.

Joanie, es bastante predecible, auto suficiente, independiente, estable, pacífica y gentil. No hace muchas demandas a los demás para que le ayuden. Es fácil de llevar y se cuida a sí misma y a sus necesidades.

Como la tortuga, con su casa a sus espaldas, Joanie tiene la habilidad de asegurarse de tener las comodidades de su hogar dondequiera que va. Le gusta ayudar a los demás a sentirse cómodos siempre y cuando no se muevan de su zona de confort (al hacer algo inesperado). Si otros intentan hacer que Joanie salga de su caparazón, actúa como una tortuga mordiendo y "les saca la cabeza" en un esfuerzo de hacerlos retroceder para ella sentirse segura.

A veces la gente puede pensar que Joanie es perezosa o pesimista, en especial cuando no se dan cuenta delo asustada que está. Cuando Joanie se fija en el rosal, usualmente está mirando a las espinas. Joanie saca su Carta Alta de Comodidad al rescatar, recordar, desviar, o proteger a otros en su intento de que todos estén cómodos. Como resultado, termina con personas que esperan que ella llene sus expectativas y hagan cosas por ellos que podrían hacer por sí mismos. Esta tendencia por ser indulgente con los demás da como resultado justo eso que ella intenta evitar: El estrés extremo y el dolor. Joanie termina quejándose por no lograr nada y sintiéndose aburrida de ella misma y de su vida.

Pasar de lo reactivo a lo proactivo si eres una Tortuga.

Cuando te encuentres a ti mismo sacando la Carta de Comodidad/Evasión como Joanie, aquí te presentamos algunos cambios que puedes trabajas paso a paso. Para ideas, usa la columna titulada "En lo que necesitas trabajar" de la tabla anterior. Empieza por esperar que los demás se hagan cargo de sus propios asuntos, aunque esto sea incómodo al inicio para ti. Tu mejor terapia es recordarte continuamente que tanto tú como los demás son capaces de aprender cosas nuevas desde un enfoque paso a paso. Ten confianza en tu propia habilidad para empezar. Asiste y quédate, incluso si lo único que haces al inicio es mirar. Quizá necesites establecer una rutina o metas para ti mismo, o darte un empujoncito, o empezar algo nuevo. No temas comunicarte con los demás, déjales saber lo que deseas. Haz preguntas. Di cómo te sientes. Pero, sobre todo, valórate a ti mismo. ¡Eres genial!

Águilas: Personas con Carta Alta de Control.

"PUEDO HACER LO QUE QUIERO"

Si lo que más deseas es evitar las críticas y la humillación o sentido del ridículo, entonces tu Carta Alta es Control, y eres como un águila. Con sus garras afiladas, sus picos de gancho, sus grandes alas extendidas, las águilas se ven poderosas y fuertes. Sin embargo, no son tan feroces como aparentan. Las águilas hacen sus nidos en lugares inaccesibles y se quedan solas, protegidas por la distancia. Cuando las águilas buscan refugio al volar hacia sus nidos, los demás no tienen oportunidad de hacer contacto, y deben esperar a que ellas bajen. Al volar tan alto, las águilas son capaces de mirar el territorio antes de hacer una movida, y pocas cosas pasan sin que sus "ojos de águila" puedan ver. ¿Te suena familiar?

Cuando Jorge saca su Carta Alta, él trata de estar por encima de cada situación, para no ser criticado o puesto en ridículo o humillado. A pesar de ser extremadamente organizado, hace listas de chequeo de actividades diarias, a menudo deja las cosas para el último momento cuando las cosas se tornan muy abrumadoras para ser controladas. A menudo, se sienta en frente de la televisión en lugar de atacar sus pilas de cosas "por hacer". Se siente más incómodo cuando le encargan a él las cosas o cuando alguien espera que cumpla como una orden, sin darle tiempo de pensar y preparar. Odia que le digan cómo hacer las cosas, porque eso significa que es incompetente. Cuando se le pregunta algo que no sabe, se siente atrapado y humillado, así que discute o pretende que lo sabe.

¡DÉJAME AYUDAR!

Jorge está muy involucrado en la mesa directiva de una organización local. Es capaz de hacerse cargo de las situaciones, de resolver las cosas, cumplir las tareas, y usualmente logra lo que quiere. Aunque prefiere planificar con tiempo, puede sacar sus fortalezas en una crisis, salta directo, manejando las cosas de forma asertiva y competente. Si es necesario, también es capaz de esperar pacientemente para obtener lo que desea.

Al mismo tiempo, algunos de sus compañeros de la mesa directiva, se quejan de que Jorge es mandón, defensivo, arrogante e inflexible. En sus esfuerzos por evitar que los demás encuentren sus puntos débiles, a veces aparece distante y remoto, o controlador, o falto de espontaneidad. Necesita siempre tener el permiso antes de tomar el control de una situación, y a veces ese permiso nunca llega.

Encontramos que las personas que "juegan" sacando comportamientos tipo águila tienden a tener un estilo autoritario, tratando de controlar a los demás, tanto sus comportamientos como sus vidas, con el fin de mantener las cosas bajo control. Como Jorge, prefieren hacer las cosas por sí mismos y les cuesta delegar, porque no confían que los demás lo hagan bien. Cuando Jorge actúa de esta manera, les invita a rebelarse y resistirse, lo que desencadena en luchas de poder.

La tendencia de Jorge a contenerse y no compartir sus pensamientos y sentimientos más profundos resulta en una falta de intimidad. Le cuesta tener relaciones satisfactorias por su temor a compartir información o contar sus verdades. Pocas personas han visto realmente a un águila de cerca y descubierta. Si Jorge, y otros, tipo águila manejan el conflicto al quedarse callados, salir volando, o guardándose las emociones, a menudo terminan con estrés en sus cuerpos, lo que sale en la forma de síntomas físicos y enfermedades.

Pasar de lo reactivo a lo proactivo si eres un Águila.

Si tu Carta Alta es Control, al igual que Jorge, y quieres mejorar tu vida, necesitas contarle a los demás lo que te pasa, cómo te sientes, lo que estás pensando, y lo más importante, ¡lo que quieres! Por más miedo que tengas de exponerte o perder el control, compartir tus sentimientos profundos y decir lo que deseas es la mejor terapia para alguien como tú con una Carta Alta de Control. Recuerda que no eres responsable por todos. Deja de preocuparte por problemas que no tienes. Escucha en lugar de ponerte a la defensiva. Delega. Pide ayuda. Cuando las personas con Carta de Control aprenden a tomar pequeños pasos, sus vidas cambian para bien. Sobre todo, haz las cosas, pero un pasito a la vez.

Camaleones: Personas con Carta Alta de Complacencia.

"SOY UNA GRAN PERSONA"

Si tu Carta Alta es Complacencia considera con cuidado al camaleón para entender de mejor manera tu comportamiento desde el *estrés*. Sensible a los factores ambientales, como la luz, la temperatura, o las emociones (en especial el susto). La primera línea de defensa del camaleón es pasar por cambios de color en orden de fundirse en el escenario. Si la amenaza continua, el camaleón se recarga y muerde con sus mandíbulas. Si la amenaza continúa, el camaleón se mete en una grieta y se hincha de tal manera que no lo pueden sacar. Si es atacado, algunos camaleones son capaces de dejar sus colas atrás, aparentando darle al atacante lo que quiere, mientras se escabullen buscando seguridad. Con el tiempo, sus colas vuelven a crecer. Los camaleones son muy buenos observadores, cada ojo se mueve independientemente, permitiéndoles mirar lo que sucede a su alrededor. ¿Te suena familiar?

Priscila, la "reina camaleón" saca su Carta de Complacencia a menudo, para evitar rechazo y el fastidio. Ella es percibida como alguien amigable, flexible y considerada. Lo último que ella quiere es comportarse de modo que alguien se enoje o desagradar a alguien.

Priscila dirige una empresa de diseño gráfico de una sola persona, donde se preocupa más delo que los otros quieren que de sus propias necesidades. Haría lo que sea por parecer buena y no meterse en problemas. No siempre cumple lo que promete porque se compromete con tantas cosas que no es posible cumplir todos los plazos. A veces Priscila vuelve locos a sus clientes esperando por sus opiniones, cuando lo que ellos quieren es que use su talento y conocimiento para ofrecerles ideas y opciones.

Por otro lado, una de las fortalezas de Priscila es su extrema sensibilidad para aquellos que la rodeas. Tiene muchos clientes y amigos. Ella se acomoda y adapta fácilmente. Como es capaz de "leer" a los demás tan bien, logra diseños que a sus clientes les encantan. Con frecuencia reconocen que Priscila saca lo mejor de ellos y refleja sus personalidades en sus logos y diseños. Sin embargo, esa misma sensibilidad puede causarle dolor a Priscila, ella es herida con frecuencia porque se toma todo de manera personal.

Priscila también exaspera frecuentemente a otros con su indecisión y cambios tipo camaleón. Da demasiado de su tiempo, y luego se siente resentida cuando los otros no le dan a ella nada de regreso. En lugar de hablar de frente, prefiere hacerlo a espaldas de los demás o en ocasiones reacciona enojada. Cuando las personas a su alrededor notan su cambio de energía o de humor, tendrán que adivinar de qué se trata, o convencer a Priscila para que les cuente; ella dirá que todo está bien, aun cuando no lo esté. Luego, sin estar seguros de lo que le sucede, las personas siempre saldrán perdiendo en tratar de ayudarla.

Pasar de reactivo a proactivo si eres un camaleón.

Como Priscila y otros camaleones, si quieres trabajar en ti mismo y experimentar menos rechazo, necesitas tener confianza en que los otros podrán salir adelante con sus propios problemas. Puedes evitar la mayoría de los problemas al practicar la honestidad emocional, diciendo cómo te sientes y lo que necesitas. La honestidad emocional es más efectiva cuando hablas directamente a la persona con quien estás teniendo dificultades, el lugar de hablar de ellos o alguien más a sus espaldas, entrando en el chisme, y además es mejor hablarlo lo más pronto posible. Di "NO" y dilo en serio. Permite que los demás sientan lo que deban sentir, y deja que su comportamiento sea acerca de ellos y no sobre ti. Pasa tiempo a solas y abandona el tratar de complacer a todo el mundo.

Los camaleones pueden ser muy quisquillosos y les gustan las cosas de cierta manera, su manera. Esto parece contradecir su deseo de complacer, pero son hipersensibles al cambio. Cuando el deseo de complacerse a sí mismos es más fuerte que el deseo de complacer a los demás, el camaleón, que piensa en los demás termina siendo exigente para aliviar la tensión. Necesitan aprender cómo decir a los otros lo que les molesta, en lugar de hablar con indirectas. Sobre todo, practicar la honestidad, es la clave para un nuevo y mejorado camaleón.

Leones: Personas con Carta Alta de Superioridad.

"SOY ESPECIAL"

Si tu Carta Alta es Superioridad, imaginarte tu temperamento como el del león te dará una idea de cómo te las arreglas ante el *estrés*. Las cualidades que los leones poseen son contradictorias. Cuando están enojados o hambrientos, los leones se cargarán con gran velocidad y ferocidad. Pero en otros momentos, se acostarán y dormirán todo el día. A menudo rugen muy fuerte, pero igual de fácil también pueden ronronear como gatitos gigantes. Los leones trabajan juntos para cazar su presa, pero también cazan en solitario al abalanzarse sobre su objetivo. Los humanos tienden a ver a los leones como el rey de la selva: orgulloso, astuto y fuerte; o también como el pobre animal enjaulado del zoológico. ¿Cuáles de estas características te describen?

Pablo se entregó a sí mismo una Carta Alta de Superioridad, y no pierde el tiempo haciendo nada que no sea importante. Él evita situaciones donde se pueda notar sus imperfecciones. Su madre constantemente le remarca cómo no es capaz de cumplir sus promesas para ayudar en las tareas del hogar. Así, Pablo la evita y prefiere pasar el tiempo haciendo lo que es más importante para él. Sabe que puede ser el mejor alzando pesas en el gimnasio, o siendo el entrenador favorito de los niños en el campo de fútbol.

Pablo, como otros con Carta Alta de Superioridad, ve las situaciones desde los extremos. Como el león majestuoso, las personas con Carta Alta de Superioridad, nunca se van a rendir ante el oponente, sin importar si el oponente es su madre, su esposo, su amigo, su jefe o un cliente. Pablo aparenta estar muy seguro de sí mismo, y en aquellas actividades que le importan, es un modelo de competencia, éxito, e iniciativa, incluso si tiene que pasar cada minuto del día perfeccionándose a sí mismo. Tiene estándares muy altos y expectativas, tanto para sí mismo como para los demás. Su intensidad y su pasión demuestran cuando se ha involucrado en algo que cree que es importante. Se puede contar con que va a trabajar duro para cumplir un objetivo. Por ejemplo, podría pasar horas leyendo revistas y manuales de entrenamiento en levantamiento de pesas, estrategias de fútbol y entrenamiento para equipos deportivos.

Como el león, Pablo y otros con Carta de Superioridad encarnan los extremos. Por todos sus estándares de productividad y excelencia, está frecuentemente insatisfecho, pensando que debió hacer un mejor trabajo. A menudo se siente abrumado y agotado y asume demasiado. A veces,

NO SOY LO SUFICIENTEMENTE BUENO

incluso, encuentra difícil levantarse de la cama porque no importa cuánto haya hecho nunca parece ser suficiente.

En este punto, los "debería" empiezan a mandar en su vida:

Debería haber jugado en el fútbol profesional. Debería haber ido a la universidad y obtenido un título avanzado en fisiología del deporte. Debería estar haciendo más dinero. Debería mudarme de casa de mi madre. Luego se amonesta a sí mismo por preocuparse de estas cosas, ya que suena tan materialista. Cuando su madre le pregunta si está progresando en encontrar trabajo o buscar un lugar propio para vivir, ruge como un león en furia en lugar de solucionar sus dilemas.

Otros reconocen que Pablo es muy bueno en el futbol y en levantamiento de pesas. Aunque es generoso con sus conocimientos, se le hace difícil aceptar las imperfecciones a su alrededor. En su intento de ayudar a los demás "presionándolos un poco" se topa a menudo con que lo toman por el crítico "sabelotodo", que los hace sentirse inadecuados.

Pasar de reactivo a proactivo si eres un León.

Si tienes una Carta Alta de Superioridad y comportamientos como un león. Es importante dejar ir la creencia de que tú estás en lo correcto. Existen diferentes maneras de mirar y hacer las cosas. Por ejemplo, mantener reuniones familiares y conferencias de grupo donde todos tienen la oportunidad de compartir ideas ofrece un foro donde todas las ideas son valoradas y compartidas. Te recomendamos que empieces estas reuniones de inmediato. Cuando estés en tus reuniones, asegúrate de primero pedir la información de los demás, en lugar de decirles primero lo que tú piensas. Deja de buscar culpables y empieza a buscar soluciones. Dale crédito a quién lo tiene. Fíjate en lo que tienes en lugar de en lo que no tienes. Genera un balance en tu vida, caminando, ejercitándote y comiendo saludable. La mayoría de la gente con Carta de Superioridad no reconocen que les cuesta ser empáticos. Sobre todo, deben trabajar en la empatía al mostrar interés en los demás, mostrándose curioso acerca de ellos, y escuchando lo que los otros tienen que decir.

Actividad de concientización: Cualidades y defectos de las Cartas Altas y pasos para mejorar.

Un grupo de maestras pasaron el día en un taller de Disciplina Positiva en el Aula de Clase. Se dividieron en grupos según su Carta Alta e hicieron una lluvia de ideas de las cualidades o ventajas y sus desventajas o falencias en el aula de clase, y las desventajas de su Carta Alta como maestras. (No te sorprendas que incluso sin ser maestra algunas de estas cosas te resuenen) Tal vez te interese hacer esta actividad de concientización también. Luego de que plasmaron sus ideas en estas dos listas, pidieron a personas que ven el mundo desde otro filtro, es decir Cartas Altas diferentes, para darles su retroalimentación sobre qué podría funcionar en su aula. A continuación, las listas:

- *Cualidades de Control:* Capacidad de estar a cargo, establecer rutinas y estar organizado; Hacen muchas tareas a la vez y tienen la habilidad de lograr bastante y trabajar en grupos individuales. Saben manejar las crisis, mantienen el orden, la seguridad, y los primeros auxilios: Tienen la habilidad de improvisar y penar rápido y en tiempo real, y hacer las cosas en el camino. Son confiables, responsables, pacientes con otros, capaces de tomarse un tiempo para sí mismos. Su camiseta podría decir: *"Basta de hablar de mí, ¿Tu qué piensas sobre mí"*

- *Falencias de Control en el Aula:* Invitan a las luchas de poder. Procrastinan al calificar las tareas o hacer las planificaciones al último momento. Se ahogan en un vaso de agua. Se abruman. Juzgan y son muy críticos. No son pacientes consigo mismos. Esperan demasiado de sí mismos. Abandonan. Ven la catástrofe en todo. Se ponen a lidiar con los asuntos del resto en lugar de con los propios. Son mandones. Se agobian cuando los niños se desvían de su trabajo o hacen mucha bulla.

- *Sugerencias de otras Personalidades de Carta Alta:* Solo dinos lo que quieres para saber cómo manejarlo y ayudar a solucionar el problema. Dinos cuando estés sintiéndote abrumada en lugar de actuar exageradamente. La respuesta fue *"Si tan solo pudiéramos"*

- *Cualidades de Complacencia:* Hacen las cosas divertidas y crean maneras que involucran a la gente. Hacen que aprender sea divertido. Son empáticos y se toman tiempo para escuchar y entender las necesidades de los demás, dan

- a los demás lo que necesitan. Ofrecen optimismo y mucho aliento. Dan esperanza. No guardan rencor ni estrés, pues mañana será otro día. Son Buenos escuchando. Tienen la mente abierta, son respetuosos y toman en cuenta la opinión de los demás, buscando hacer preguntas para que las respuestas salgan de ellos mismos. Reconocen cuando se equivocan y saben pedir perdón.

- *Falencias de Complacencia en el Aula:* No siempre son abiertos y honestos. Se abstienen de opinar o dar ideas porque quieren ser agradables y caer bien. Se retiran del conflicto y pretenden que todo está bien cuando no lo está. Se enfocan en agradar a la persona más negativa, lo que da como resultado el restar energía y tiempo para los estudiantes que se portan bien.

- *Sugerencias de otras Personalidades de Carta Alta:* Di lo que tienes en mente y recuerda que la gente te quiere por ti no por tus opiniones. Sé valiente, respira profundo y di "NO".

- *Cualidades de Superioridad:* Conocen de todo. Tienen los límites claros. Logran cumplir con todo. Siempre están revisando para mejorar las cosas. Son reflexivos, tolerantes, creativos, y de buen humor. Tienen altos estándares.

- *Falencias de Superioridad en el Aula:* A veces no escuchan o reconocen el trabajo y experiencia de los demás. Son perfeccionistas. Esperan demasiado. No piden ayuda. Se comportan de manera ruda o grosera. Se vienen abajo cuando no cuidan lo que deberían. Evitan tareas incómodas. Hacen más de lo que deben. Ponen mucha presión en sí mismos y en sus estudiantes. Son intolerantes con los estudiantes que no se esfuerzan o con aquellos que les parece son ignorantes o perezosos.

- *Sugerencias de otras Personalidades de Carta Alta:* Haz un acuerdo de que otros te digan cuando estás sacando tu Carta Alta para que seas consciente de tu comportamiento.

- Usa la expresión "Noto que" o "Me doy cuenta que" en lugar de juzgar o criticar. Permite que los chicos se sientan tranquilos de equivocarse y de intentar nuevamente.

- *Cualidades de Comodidad:* Flexible. Tiene bien sus límites. Proactivo. Hace conexiones y es empático. Entiende a los demás.

- *Falencias de Comodidad en el Aula:* Evita ciertas situaciones. Salta a dar conclusiones. Siempre piensan en futuros desenlaces. Se salen de la tangente. A veces son inconsistentes.

- *Sugerencias de otras Personalidades de Carta Alta:* Trabaja en reducir la evasión y cultivar el ser consistente, y compártelo que realmente sientes.

Plan de Acción: Sé Asertivo

Aquí te mostramos una manera sencilla de ser asertivo: Si algo está en tu mente, dilo en voz alta a la persona que necesita oírlo. Ser asertivo no es una estrategia para cambiar a los demás (aunque el cambio es un resultado de esta práctica). Ser asertivo es diferente de ser agresivo, donde el propósito de tu comportamiento puede ser ganar o probar que estás en lo correcto. Las personas con diferentes Cartas Altas ven el mundo desde diferentes perspectivas, así que ser asertivo es una forma muy buena de hacer ver tu punto de vista en lugar de relacionarte con los demás a través de supuestos. Las personas no leen la mente.

La parte final para lograr hacer cambios, "Tiempo para entrenar", es el tiempo que se requiere para aprender una nueva habilidad o patrón. Es el tiempo que inviertes en poner tu plan a funcionar, practicar tus pasos para ver cómo se siente, sentirse raro, sentirse aliviado, y luego darse el permiso de ser menos que perfecto. Nadie toma una decisión para hacer las cosas diferente y de inmediato tiene todas las piezas listas y trabajando. Sin tiempo para entrenar, los cambios que empezaste a planear pronto se desintegrarán.

Actividades de Concientización: Frases de camiseta de la Carta Alta y perfiles personales.

Las Carta Altas proveen oportunidades para algunas actividades juguetonas y divertidas. ¡No tienes que sufrir para aprender! Los participantes en nuestros talleres nos demuestran una y otra vez cómo el usar el humor y el exagerar ayuda a exponer las debilidades de sus Cartas Altas. Aunque alguna de la información te parezca negativa, la mayoría de participantes nos dicen que les gusta la manera en que sacan sus Cartas Altas. Estas actividades te ayudarán a ganar consciencia sobre ti mismo y los demás. Recomendamos hacer ambas. Son sencillas y divertidas.

Frases de camiseta de la Carta Alta			
Comodidad	Control	Complacencia	Superioridad
Olvídate de eso de sin dolor no se gana. ¡Al diablo el ganar!	¡Tenemos la respuesta!	Sólo dime por favor	Yo hago más en una hora de lo que tú haces en un día entero.
SI haces menos… hay menos estrés	¿Si necesito tu ayuda? No gracias	Dime, ¿Qué necesitas?	Nadie lo hace mejor
¡Quítate de mi cola!	Lo tengo todo bajo control	Es un placer atenderte	Prefiero tener la razón a ser feliz
Bueno…si no está roto…	Sígueme…yo lo tengo controlado	No representamos a ninguno de los bandos	Somos el #1
Mejor evitarlo	Me muero por las crisis	Sé lo que te va a hacer feliz	He tenido un día difícil. Ve al grano por favor.
No te preocupes. Sé feliz.	A mi manera…o no hay manera	Tenemos justo lo que necesitas	Sólo cosas buenas salen de nosotros
Cruce de tortuga	¿Sentimientos? ¿Cuáles sentimientos?	¡Que tengas un lindo día!	Cuestiono tu autoridad
¿Preocupado yo?	¡Mantén tu distancia!	¡Sonríe!	Una vez me equivoqué, pero estuve equivocado
Vive y deja vivir	Nacido para controlar	Si ánimo de ofender	Qué pena que no estés en nuestro grupo
Sigue la corriente	No te preocupes. Yo mismo lo hago.	Cuando necesites un sí por respuesta, acude a nosotros	¡Nosotros lo sabemos todo!
Lento pero seguro	Cubrimos todas las bases.	¡Amor y Paz!	Si quieres que esté bien hecho, hazlo tú mismo.

¡Aumenta las tuyas propias!

1. Fíjate en las frases para una camiseta de la Carta Alta. Enlista varios eslóganes o lemas que los participantes en los talleres han escrito. Haz un círculo alrededor de los que creas van contigo. Intenta añadir unas cuantas por tu cuenta.

2. Fíjate en los perfiles personales de la Carta Alta que encuentras a continuación. Si estuvieras escribiendo tu perfil personal para un servicio de citas on-line, ¿Qué

pondrías? Pretende que escribes un perfil que refleje tu Carta Alta. Siéntete libre de usar las ideas sugeridas en el ejemplo.

Perfiles personales de la Carta Alta

Comodidad

Apuesto soltero, Tortuga de caparazón blando, busca compañera adulta mayor de 18 años que nunca se haya casado. Que sea sensible, atractiva, inteligente, con la misma estructura de caparazón. Tengo excelentes habilidades de comunicación y escucha, sin vicios y muy buena salud. Tengo casa propia con bañera incluida, en un sector alejado con rutas de caminata y áreas para meditación. Consideraría compartir el caparazón después de un acuerdo mutuo. Dispuesto a comprometerme a un acuerdo de cohabitación previo.

Control

Buscando alguien flexible, complaciente, tolerante, humilde, sin prejuicios, un seguidor, que sepa escuchar, divertido, retador, pero que se deje persuadir, espontáneo, creativo, excitante, que sepa cocinar, limpiar, la casa y las ventanas, que sepa seguir instrucciones correctamente.

Complacencia

Busco un compañero(s) de cuarto. Cualquier cuerpo vivo y caliente. Soy flexible, dispuesto a acomodarme. Cualquier circunstancia. Preferible no fumador (tengo un ventilador por si acaso), bebedor o no bebedor está bien. Niños y animales, son bienvenidos. Dispuesto a adaptarme a cualquier estilo de vida. No necesita pagar renta, no necesita tener un empleo, podría subsidiar tus ingresos. Cualquier sexo. Dispuesto a hacer otra propuesta si no te agrada. Contáctame en cualquier momento, las 24 horas cualquier día. 1800 AMO-A-TODOS. No se necesitan referencias.

Superioridad

No sigas leyendo a menos que cumplas con los requisitos: Genuino, Ecléctico, Sin prejuicios, (solo servicial), inteligente, invencible y exitoso (en otras palabras, un GENIO). Yo mismo poseo estos rasgos, además de ser el mejor amante que se te haya cruzado en el camino. Si tienes intenciones serias de involucrarte en una relación significativa y comprometida, llama 1 800 EL-MEJOR. ¡Solo no me hagas perder el tiempo!

Semana 6—
Encuentra el "tesoro" escondido en tus memorias de la infancia.

Esta semana, vamos a enseñarte cómo retroceder para poder avanzar. Será un viaje que vale la pena y aprenderás mucho. Tendrás una visión de primera mano de cómo el niño que habita dentro de ti, ha creado tu propio sistema operativo, uno mucho más complejo que el de Microsoft o Apple. Ese niño era un excelente observador, pero no muy buen intérprete. El niño buscaba darle sentido a lo que ocurría su alrededor, y posteriormente archivaba todas sus conclusiones al respecto para usarlas en un futuro. Al contrario de Microsoft y Apple, el niño, rara vez, si acaso lo hacía, actualizaba el sistema operativo. El resultado es que a pesar de que has crecido, y te has convertido en un adulto, en algunas áreas de tu vida, nunca lo has hecho. Sigues pensando y actuando como ese pequeño niño que vive dentro de ti.

Para averiguar cómo piensa ese niño, necesitarás descubrir y decodificar tu propio sistema operativo, que está incrustado dentro de tus recuerdos de la infancia. Normalmente cuando pensamos en recuerdos, los pensamos como historias reales. Pero, en este trabajo, los recuerdos de la infancia, son metáforas, simbólicas y representativas, de algo más. Los recuerdos contienen pensamientos, sentimientos y acciones que forman tus valores fundamentales y tu sistema de creencias.

Aprenderás cómo interpretar lo que está en código en cada recuerdo sobre cómo te ves a ti mismo, a los demás, a la vida, y lo que has decidido que necesitas para poder sobrevivir.

Muchas personas leyendo esto, estarán gruñendo y preguntándose cosas como, "Pero si yo no recuerdo nada de mi infancia"; "No tengo ningún recuerdo bonito"; "¿Se supone que tengo que pensar en un recuerdo negativo?"; "No quiero recordar mi pasado"; "He puesto atrás mi pasado, y ahí deseo que se quede"; "Qué tienen que ver mis recuerdos de la infancia con la ayuda que necesito para no dejar todo para el último?" Si alguna de estas frases se parece a lo que te estás diciendo a ti mismo, ¡no te saltes esta semana! Te perderías el descubrir el tesoro escondido de tu vida.

Una vez que aprendas cómo acceder a la información que llevas dentro, tendrás todo lo que necesitas para hacer tu propia terapia. Trabajar con los recuerdos tempranos te da una llave para abrir ese cofre del tesoro que tienes dentro, descubrir el valioso conocimiento escondido de tu conciencia, averiguar cómo aceptar a ese muchachito, alentar a ese niño interior y seguir adelante con nuevas opciones.

Algunas personas piensan que este tipo de trabajo pertenece a los confines del consultorio de un experto. Nosotros creemos que puedes acceder y hacer uso de esta información tú mismo, tanto para facilitar tu propia sanación, así como para ayudar a otros a hacer lo mismo (Si eso es lo que deseas). Mientras más trabajes en tus recuerdos de la infancia, más aprenderás de la lógica privada que formaste siendo niño, y llegarás a conocerte mejor a ti mismo.

Tu memoria es selectiva, ¡sólo retienes los recuerdos que calzan con tu lógica privada! Al usar recuerdos específicos, puedes aprender más sobre el origen de tus patrones de pensamiento, sentimientos y comportamientos, y puedes determinar con precisión en dónde necesitas trabajar. Aprenderás a conocer al niño interior que está esperando al adulto que eres para que lo honre, lo reconforte, lo consuele, lo eduque, y le ayude a crecer. El trabajo con la memoria te ayuda a descubrir tu historia oculta y a componer tu relato personal. Es probable que descubras algunas formas de pensar que te han detenido, sin permitirte el seguir adelante. Al examinar tus recuerdos, puedes encontrar el momento en que tu autoestima se dañó y decidiste que la persona que eras no era lo suficientemente buena. Tus recuerdos tempranos, incluso podrán mostrarte lo que decidiste que tenías que hacer para ser valioso.

No te sorprendas si descubres algunos secretos que te han estado enfermando o deteniéndote de manera significativa. Ten por seguro que cualquiera que sea el dolor, no será demasiado insoportable o intolerablemente largo, *si te permites escuchar lo que esos recuerdos te están diciendo.* El trabajo con los recuerdos puede sacar a flote viejas heridas y puede ser doloroso en un inicio. Sin embargo, igual que al limpiar la herida, trabajar con los asuntos pasados que estaban enterrados, ayudará a que comience a sanar. Aprenderás a interpretar la memoria corporal, esos recuerdos de la infancia que generan reacciones físicas en tu cuerpo. Algunos de estos recuerdos se crearon incluso antes de que aprendas a hablar.

Mantén tu trabajo con tus recuerdos a salvo

Si el trabajo con los recuerdos te asusta, trabaja con un grupo o con un Consultor de Encouragement que te pueda ayudar con las partes difíciles. Siempre es posible imaginar que pones tu trabajo con los recuerdos en una caja que solo se abre cuando estás listo. Si trabajar con los recuerdos te enoja, encuentra una manera apropiada de expresar ese enojo, al escribir en un diario, clavar clavos en una tabla, golpear una almohada, meterte en tu auto y con la ventana cerrada gritar lo más alto que puedas (no mientras conduces), hacer círculos en una hoja de papel hasta cansarte. Puedes pedir a tus amigos que te escuchen y que te den un abrazo una vez que hayas terminado de expresar tu enojo.

Puedes decirle al pequeño niño que llevas dentro que está bien tener iras. El enojo es solo un sentimiento. Simplemente no uses tu enojo como una manera de justificar el ser grosero o hiriente con los demás.

No se trata de lo que sucedió

El trabajo con los recuerdos de la infancia es optimista, interesante y emocionante. El enfoque no está en lo que sucedió, sino en lo que tú, como un niño pequeño, *decidiste acerca de lo sucedido.* Quien tu eres ahora se basa en lo que decidiste siendo niño.

Guardaste bien al fondo todas esas decisiones y te olvidaste de lo que eran, incluso olvidaste que tú mismo las tomaste. Ahora, como un adulto consciente, puedes traer nuevamente estas decisiones y tomar unas nuevas que puedan cambiar tu vida. Al conversar con tu niño interior como un Consultor, descubrirás que a pesar que no tuviste mucho control sobre lo que sucedió en aquel momento, ahora sí puedes controlar cómo esas experiencias pasadas te afectan en la actualidad. Esperamos que te sientas encantado de saber que tu personalidad no es genética y que no estás dañado permanentemente. No estás atorado por el resto de tu vida con sentimientos de depresión, tristeza, o agotamiento. Incluso podrías descubrir que las tendencias suicidas, las adicciones, u otras condiciones que creías eran heredadas podrían estar basadas en una decisión subconsciente y temprana, y que no estás sentenciado a ellas de por vida.

¿Tus recuerdos realmente sucedieron?

Ha habido mucha controversia sobre los falsos recuerdos, y en el transcurso de la discusión, muchas personas se han sentido temerosas de trabajar con recuerdos tempranos. Ten cuidado ante los intentos de cualquier otra persona de darte recuerdos, cambiar tus recuerdos, o decidir lo que tus recuerdos significan. Solo tú puedes hacer eso.

Es posible que algunos de tus recuerdos sean una colección de imágenes de eventos reales que están todos mezclados para formar un recuerdo. Por ejemplo, puedes recordar una confrontación violenta que ocurrió en cierto lugar diferente de donde realmente sucedió. Este podría ser el caso si existió violencia en tu vida y también visitaste ese otro lugar en algún momento. O, si tú y los otros miembros de tu familia participaron del mismo evento, tus recuerdos podrían parecer diferentes de los de ellos por las diferentes perspectivas. Tu recuerdo podría decirte que caminabas kilómetros para llegar a la tienda, mientras tu padre recuerda la misma tienda a la vuelta de la esquina.

Algunos recuerdos pueden parecer poco claros. Esto no significa que no sucedieron. Pude ser que dejaste pasar ciertos detalles que no calzaban con lo que ya habías decidido acerca de la vida, acerca de ti mismo y de los demás. O podría significar que el evento fue tan traumático que bloqueaste algunas partes del mismo. O pudiste haber sustituido las imágenes o palabras desconocidas por ti al momento por otras que sí eran familiares. Por ejemplo, podrías recordar a uno de tus padres muy enfermo o dormido, porque no sabías palabras como "borracho" o "alcohólico". La imagen podría permanecer sin revisar en tu memoria incluso si aprendiste esas palabras más tarde en tu vida. O si tú fuiste abusado sexualmente antes de ser lo suficientemente mayor para identificar y nombrar la parte del cuerpo que el abusador usó para frotarse contra ti, podrías recordar un masaje con la barriga en lugar de algo que no tenías las palabras para describir.

Todos tus recuerdos son parte de la tela que hace la persona que eres actualmente.

Mientras trabajas en reeducar al niño interior usando tus habilidades adultas, tus recuerdos te mostrarán lo que te hace único. También aprenderás cómo usar tus recuerdos de la infancia como ayudas para cambiar tus pensamientos, sentimientos o acciones, en orden de curar el pasado o desatorarte y continuar hacia adelante.

Actividad de Concientización: Empieza tu trabajo con los recuerdos tempranos

¿Cuál es el problema? ¿Cuál es el recuerdo?

1. En primer lugar, piensa en algo con lo que estés teniendo problemas, puede ser algo académico en la escuela, algún asunto amoroso, un dilema con la educación de tus hijos, un asunto de dinero, de trabajo, un conflicto de amistad, o cualquier otra cosa.

2. Ahora haz de cuenta que tu vida está en un carrete de película, y deja que tu mente lo retroceda hasta un día en específico, un momento o un evento de tu infancia. No censures tu memoria o te pongas a buscar por aquel recuerdo que parezca que encaja con tu problema. El primer recuerdo que te salte a la mente, sin importar que tan poco relacionado te parezca, será el exactamente el que sirva. Un enfoque específico trae a la mente un recuerdo específico. Cuando estés buscando un 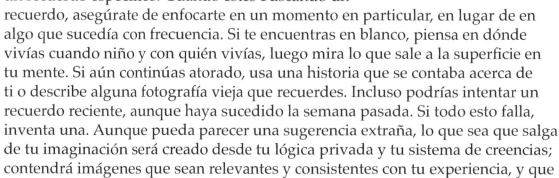 recuerdo, asegúrate de enfocarte en un momento en particular, en lugar de en algo que sucedía con frecuencia. Si te encuentras en blanco, piensa en dónde vivías cuando niño y con quién vivías, luego mira lo que sale a la superficie en tu mente. Si aún continúas atorado, usa una historia que se contaba acerca de ti o describe alguna fotografía vieja que recuerdes. Incluso podrías intentar un recuerdo reciente, aunque haya sucedido la semana pasada. Si todo esto falla, inventa una. Aunque pueda parecer una sugerencia extraña, lo que sea que salga de tu imaginación será creado desde tu lógica privada y tu sistema de creencias; contendrá imágenes que sean relevantes y consistentes con tu experiencia, y que

te podrán ayudar a examinar lo que está en tus creencias inconscientes que quizá quieras cambiar. Con asombro hemos encontrado que esto es muy beneficioso con las personas con quienes trabajamos; no puedes inventar algo que no encaje con tu lógica privada, y es precisamente tu lógica privada lo que quieres descubrir con el trabajo de los recuerdos tempranos.

3. Escribe el recuerdo exactamente como lo recuerdas, incluye todos los detalles. No te preocupes si alguien alguna vez te dijo que no sucedió así, lo importante es como *tú* lo recuerdas.

4. Ahora escribe el sentimiento que estás teniendo en el recuerdo, tu edad en esa época y lo que tu niño interior está pensando o decidiendo cuando el recuerdo sucedía. Para descubrir tus decisiones tempranas, pregúntate a ti mismo, ¿Qué está pensando mi niño interior?

He aquí un recuerdo compartido por Irene, una mujer en un grupo de Consultoría de Aliento: "Encontré a mi gato en el jardín, estaba muerto. Corrí a avisar a mi madre, pero ella estaba en el teléfono. Ella me hizo a un lado y me puse histérica. Tenía siete años, y mi niña interior de siete años estaba decidiendo que *"Los amigos de mi madre son más importantes que yo. Mi madre no me toma en serio."*

Otro miembro del grupo, Nelson, compartió esto: "Encontré una moneda en el patio de juegos y rápidamente lo metí en mi bolsillo sin verlo claramente. Me dije a mí mismo, que lo examinaría más tarde y en privado. Perdí la moneda mientras tomaba el bus de la escuela y no me di cuenta hasta que estuve sentado. Otro chico encontró la moneda y se la entregó al conductor quien preguntó, si alguien había perdido dinero. Yo dije que se me había perdido una moneda, pero cuando preguntó de cuánto era, yo no sabía si era de veinticinco o de cincuenta centavos. Yo estaba seguro de que era mía. El conductor dijo *"Sí claro"* y nunca tuve la moneda. Me sentí avergonzado y enojado. Mi niño interior de ocho años decidió que era estúpido y debería haber sabido la diferencia entre una moneda de veinticinco y una de cincuenta.

Nelson e Irene al igual que tú, experimentaron la vida y luego tomaron decisiones acerca de lo que estaba sucediendo. Estas decisiones fueron cruciales en ayudarlos a cada uno a entender cómo encajar, en cómo veían a los demás, en cómo funcionaba la vida, y en lo que pensaban necesitaban hacer para sobrevivir. Sus recuerdos, como los tuyos, son tanto contenedores como espejos de las decisiones inconscientes que tomaron en esos primeros años. Y como tú, Nelson e Irene hicieron más que tomar decisiones; al ver a su vida recolectaban pruebas de que lo que habían decidido era cierto. Si una experiencia no encajaba en su sistema de creencias, no lo notaban, lo olvidaban, o lo cambiaban para que vaya de acuerdo a su visión del mundo.

Decisiones tempranas en acción en el presente: El niño interior puede estar al mando, pero puedes ayudarle a crecer.

Así es como esa decisión temprana estaba afectando a Irene como adulta. A la edad de cuarenta años, ella estaba trabajando en un proyecto con un colega en su compañía de arte gráfico. El colega pidió a Irene que le haga un favor. En lugar de decirle que estaba ocupada y que necesitaba tiempo para pensarlo, ella le gritó de una manera abusiva hasta que él desistió de contar con su ayuda. Después, Irene, pidió disculpas por su comportamiento y dijo *"No sé qué me pasó. Supongo que pensé que no me estabas escuchando o no me estabas tomando en serio, y eso realmente me molestó. Pensándolo bien, me siento así muy a menudo."*

El colega de Irene se acercó y le dio una palmada juguetona en el brazo. *"Sabes que te tomo en serio y disfruto mucho de trabajar contigo, pero probablemente me sería más fácil escuchar si no me arrancas la cabeza"* Para Irene era difícil manejar esta situación de forma diferente porque ella pensaba que los demás no la tomaban enserio, la niña de siete años dentro de ella es quien actuaba. Acudiendo a las mismas herramientas que tenía a esa edad, la Irene de cuarenta años, gritaba y atacaba.

Irene no caía en cuenta que estaba actuando como una niña de siete años cuando le gritaba los demás. Hacer este trabajo de los recuerdos tempranos le ayudó a Irene a descubrir esta información. Al principio se sintió avergonzada, pero luego se dio cuenta que no podía cambiar algo que no lo había visualizado como un problema. Una vez que se entendió mejor a sí misma, fue capaz de sentar a esa pequeña de siete años en su falda y alentarla diciendo, *"Estabas muy dolida, enojada y asustada cuando tu gato murió, y necesitabas que alguien te ayude a manejar la situación. Lamento que haya sido tan difícil para ti. Cuando te asustes yo estaré ahí para ayudarte. Sé que podemos hacerlo juntas."* Su comportamiento empezó a cambiar luego de eso.

Si te encuentras estancado al ver las decisiones que tomó tu niño interior en el recuerdo, podrías preguntar a un grupo o a amigos, o a uno solo, para que escuchen tu recuerdo y adivinen sobre las posibles decisiones que creen pudiste estar tomando. Sus ideas no son correctas o incorrectas, pero reflejan un punto de vista que se funda en una realidad separada de la tuya propia. Pide a tus amigos que hagan una lluvia de ideas sobre sus pensamientos y escríbelos. Luego fíjate en la lista y subraya las creencias que encajan contigo.

Aquí está cómo los amigos de Nelson interpretaron su recuerdo de la moneda: Pusieron una gran hoja de papel en la pared, y luego hicieron cuatro columnas, tituladas: "Yo"; "Los Otros"; "La Vida" y "Por lo tanto", tal como se muestra en el cuadro del ejemplo. La columna de "Por lo tanto" muestra las decisiones que Nelson hizo acerca de cómo necesitaba comportarse para poder pertenecer y trascender.

Yo	Los Otros
☑ Soy estúpido	
☑ Debería saberlo mejor.	☑ Se burlan de mí.
☑ Soy cuidadoso.	☑ No creen en mí.
☑ Debería tomarme más tiempo con las cosas	☑ Están en control y tienen poder sobre mí.
☑ Demoro las cosas hasta que ya es demasiado tarde.	☑ Me hacen la vida difícil.
☑ Tengo un mal karma.	☑ Creen que están en lo correcto y no me escuchan.
☑ Estoy dispuesto a esperar, pero me pierdo de las cosas	☑ No me dejan obtener lo que es mío.
☑ Quiero estar a salvo.	☑ Dañan las cosas por mí.
☑ Me avergüenzo.	☑ Son honestos y mejores personas que yo.
☑ Me victimizo.	☑ Deben saber y hacer lo correcto.

La Vida	Por lo tanto
	☑ Debo permanecer callado.
☑ Está llena de decepciones.	☑ Debo ser más cuidadoso.
☑ No es justa.	☑ No debo contar en que los demás serán justos.
☑ Es difícil.	☑ Agonizo.
☑ Es algo serio.	☑ Pospongo la gratificación.
☑ Te da algo y luego te lo quita.	☑ Espero.
☑ Es un lugar donde no obtienes lo que te mereces o lo que tienes derecho	☑ Aprovecho las oportunidades
☑ Es un lugar donde las cosas se pierden si no prestas atención.	☑ Me quedo solo y alimento mi enojo, y no digo lo que siento.
	☑ Debo protegerme de parecer un tonto.

Luego de que el grupo hizo una lluvia de ideas sobre las posibles creencias de Nelson, Nelson subrayó los enunciados que coincidían con como él se veía a sí mismo, a los otros y a la vida en ese momento. Sin pensarlo demasiado, en la primera columna escogió *"Yo Debería saberlo mejor"* y *"Me tomo tiempo con las cosas"*. Pensó un poco y subrayó *"Los otros no me dejan tener lo que es mío"* de la segunda columna, y *"La vida es un lugar donde no obtienes lo que te mereces o tienes derecho"* de la tercera columna. De la cuarta columna subrayó *"Por lo tanto, espero"*. Miró a sus amigos y dijo, esta es la historia de mi vida en la actualidad. Tengo tanto en qué trabajar, siento que no estoy llegando a ningún lado. No estoy seguro de encontrarme en el trabajo correcto, no estoy contento en mi matrimonio. ¿Me olvido de algo?

Nelson llevó la lista a casa y escribió los enunciados subrayados en un pequeño papel que guardó en su agenda. Cada vez que tenía un minuto libre, miraba a la lista. Se dio cuenta que sus decisiones tomadas en su infancia eran muy poderosas. Le parecían más la verdad objetiva que lo que parecía su propia realidad separada. Luchó bastante con la noción de que él mismo había "creado" estas decisiones. Pensó *"Quizá yo creé estas ideas, pero de verdad las creo, y es así como soy. No creo que pueda cambiar mis pensamientos inconscientes, pero quizá puedo dejar de esperar que mis relaciones mejoren y hacer algo diferente. Podría empezar por decirle a mi jefe lo que me molesta de mi trabajo y ver si podemos hacer algún cambio. Podría decirle a mi esposa lo infeliz que me siento."*

Actividad de Concientización; Intenta otro enfoque para el trabajo de recuerdos.

Piensa en todas las veces que te escuchaste a ti mismo o a los demás decir algo como "No comprendo de donde vienen este comportamiento". El retroceder hasta tus recuerdos tempranos para recopilar información te puede ayudar a superar problemas recurrentes o duraderos.

1. Para hacer esto, empieza por pensar en algún problema. Recordar un momento reciente en que estabas luchando con el asunto te puede ayudar a enfocarte.

2. A continuación, identifica el tipo de relación donde ocurre el problema: trabajo (o escuela), hijos, relaciones íntimas, autoestima (relación con uno mismo), espiritualidad (relación con Dios/con el universo) amistades, familia extendida, la comunidad.

3. Ahora, deja que un recuerdo se presente a sí mismo que sea concerniente a tu primera experiencia de ese tipo de relación. Por ejemplo, si escogiste trabajo, piensa en tus primeras experiencias de trabajo y mira qué recuerdo viene a tu mente. Si tienes dificultades con los hijos, recuerda alguna vez en tu infancia en que tuviste un problema con tus padres. Si se refiere a relaciones íntimas, piensa en un recuerdo de tu primera enamorada o novio, o tu primera experiencia sexual.

4. Escribe tu recuerdo, incluyendo cuántos años tenías al momento, cómo te sentiste, y qué crees que decidía tu niño interior. Asegúrate que tu decisión suena apropiada para la edad en el recuerdo: ¿Lo diría así un niño de cinco años? Y ¿uno de once?

5. Luego de escribir el recuerdo, subraya la parte más vívida. Luego escribe una oración que empiece con la parte más vívida. Añade tus sentimientos y luego termina la oración con la decisión de tu niño interior. Es más fácil delo que crees.

Las historias a continuación muestran cómo cuatro personas usaron este método para descubrir algunas creencias fundamentales.

El recuerdo de Harry es un buen ejemplo de cómo esto funciona: "Durante el bachillerato fui voluntario para construir una cabina para nuestro club en la feria de la escuela. Yo la diseñé y luego compré todos los materiales para construirla. Trabajé en ella casi yo solo. Diseñé y construí la cabina de modo que pueda ser desarmada y armada nuevamente. No podía estar presente el día de la feria para ayudar a armarla porque tenía que jugar en el equipo de básquet. Así que hice unas instrucciones para el armado de la cabina. Cuando llegué a la escuela luego del juego de básquet, la cabina estaba armada, pero se veía terrible. Los estudiantes que la habían armado hicieron su mejor esfuerzo, pero estaban enojados porque no fueron capaces de seguir mis instrucciones. Me sentí poco apreciado, desalentado y avergonzado porque tuve que trabajar en la cabina tal como estaba. Tenía dieciséis años, mi yo de dieciséis años decidió. *"No puedo dejar que nadie me ayude, tengo que hacerlo todo yo mismo."* Harry escribió su recuerdo de la siguiente manera: *"Están enojados conmigo porque no pudieron seguir mis instrucciones, y yo me sentí poco apreciado, desalentado y avergonzado. Tengo que hacerlo todo yo mismo."*

He aquí el recuerdo de Santiago: "Estaba haciendo mi deber de matemáticas y le pedía ayuda a mi papá. En lugar de guiarme, me forzó a dar la respuesta al problema a mí mismo. Él no me creía cuando le dije que no entendía. Me sentí avergonzado y criticado porque mi papá pensaba que yo sí sabía y que solo estaba haciéndole pasar el tiempo. Tenía unos diez años y mi niño interior estaba decidiendo no pedir ayuda nunca más. Del recuerdo, Santiago compuso la oración: *"Él no creía que yo no entendía y me sentí avergonzado y criticado. Decidí no pedir ayuda nunca más."*

El recuerdo de Blanca fue, "Estaba en la secundaria y era la mejor amiga de Alicia, que estaba en clase de cuerdas. Yo estaba en clase de instrumentos de viento. Ella se hizo amiga de otras chicas de su sección y yo me sentí en segundo plano. Pero en el día de Halloween, Alicia y yo fuimos invitadas a una fiesta. Decidimos ir como payasos gemelos. Puedo recordar subiendo al autobús público para ir a la fiesta, vestidas igual, con grandes zapatos, narices rojas y pelucas, con nuestras caras pintadas de blanco. Teníamos puestas los pantalones de nuestros padres, grandes camisas y corbatas. El sentimiento es de alegría. Tenía trece años, y mi niña interior de trece años decidió "Amo ser incluida y no ser tratada como de segunda categoría". La oración de Blanca fue: "Subimos al autobús y me siento alegre y decidida; amo ser incluida y no ser tratada como de segunda categoría."

Dani recordó: "Peppi el periquito se soltó en mi recámara, así que lo perseguí por todo lado, tratando de atraparlo debajo de una caja de cartón. Cuando finalmente le puse encima la caja y contra el piso, la caja cayó en su cuello. Lo maté. Me sentí horrorizado. Tenía cinco años y mi niño interior de cinco años decidió "Oh no, ¿Qué he hecho? Ahora estoy en problemas". Su oración fue *"La caja cayó en su cuello y me sentí horrorizado, y decidí: Oh no, ¿Qué he hecho? Ahora estoy en problemas"*.

Juntándolo todo

Hasta ahora has pensado en un asunto actual, escrito tu recuerdo, y construido una oración como las cuatro personas de los ejemplos anteriores. Mientras juntamos toda la información para cada uno de ellos, quizá podrías empezar a ver cómo tu recuerdo puede ayudarte a entender por qué has estado atorado. Verás cuáles son los asuntos más profundos a los que debes dirigirte para poder avanzar en tu presente.

Toma el ejemplo de Harry, quien no lograba encontrar o mantener un trabajo. No es porque carecía de habilidades. Tampoco era el caso de que no estaba buscando un trabajo de forma regular, algo más lo tiraba hacia atrás. Al mirar la oración que había construido, dijo, "El trabajo en este recuerdo abrió la puerta a una casa en la que no sabía que vivía. He estado cargando con tanta vergüenza que me da miedo trabajar. Creo que me las arreglé para parecer que estaba ocupado, mientras en realidad estaba ocupado en protegerme de sentir más vergüenza. También estaba enojado porque creía que debía hacerlo todo yo mismo".

"Antes de aprender sobre los recuerdos tempranos, pensaba que mis problemas eran causados por quien yo era, alguien que no podía contar en los demás. Ahora veo que lo que decidí siendo niño me llevó a crear esos problemas. Sin darme cuenta, creé situaciones donde nadie entendía lo que estaba haciendo, así que no podían ayudarme. Luego terminé teniendo que hacerlo todo yo mismo, lo que me hacía sentir muy enojado. Quizá por eso renuncio a tantos trabajos o por qué los empleadores me dejan ir. Afortunadamente, mi empleo actual está hecho para que pueda contar en los demás para que armen lo que yo diseño. Yo no tengo el equipo o la habilidad para construir los productos de alta tecnología que estoy diseñando y ellos lo hacen. Ellos entienden mis necesidades y nunca me defraudan, razón por la que probablemente estoy pasándola tan bien y por la que me gusta trabajar para esta compañía. Para concluir, no creo que vuelva a sabotear mi éxito como lo hice antes, porque no me siento enojado como alguna vez me sentí. El trabajo con recuerdos me ayudó a dejar ir mucho de eso."

El problema actual de Santiago tenía que ver con lidiar con su hija adolescente que estaba sacando bajas calificaciones en la escuela. Mientras más tiempo pasaba tratando de ayudarla, peor le iba. Ella se quejaba de que no entendía su trabajo escolar, y Santiago lo tomaba de forma literal. Pasaba horas disponible para ayudarla. No entendía por qué su hija no entregaba las tareas en los que habían trabajado juntos, o por qué estaba dispuesta a dejar decaer tanto sus calificaciones.

Cuando Santiago se fijó en su recuerdo, vio que había decidido tomar a su hija en serio para que no sienta el dolor que él sintió de niño, cuando su padre lo trató como si estuviera fingiendo. Santiago quería que su hija sepa que él estaría siempre para ella y que ella podía pedirle ayuda en cualquier momento. Lo que encontró, después de trabajar en su recuerdo, es que su hija ya sabía todo esto. Él era un padre diferente al suyo y su hija tenía su propia vida.

Al observar a su hija, Santiago notó que nunca había dudado en hacer lo necesario con actividades que eran importantes para ella. Ella estaba tranquila obteniendo 7´s e incluso 6´s en asignaturas que consideraba no la iban a ayudar en su futuro. Santiago tuvo que dar un paso atrás y reconocer que su hija era una persona diferente con problemas diferentes a los que él tuvo de niño, y que su reflejo por saltar a ayudar no era lo que su hija necesitaba.

Cuando Blanca comenzó su trabajo con recuerdos, el asunto que había escogido involucraba a su amiga Estefanía, que había invitado a alguien más, para ayudarla a organizar un evento para su organización filantrópica. Al principio estaba confundida por la parte tan vívida de su recuerdo, "Estamos subiéndonos al autobús…" ¿Cómo se supone que esa información le va a ayudar con su problema? Blanca se dio cuenta que quizá el "bus" significaba algo más. ¿Por qué recordaba un autobús cuando normalmente usaba el metro? ¿Qué era lo diferente de un autobús? *"Ya sé"*, pensó, *"El bus es una metáfora para ir a algún lugar especial, opuesto al simple transporte que significan las otras opciones que uso normalmente."*

Pensó, *"Para mí es importante ir a algún lugar, igual que en la secundaria, cuando buscaba ser alguien especial. Pero no me interesa ir a algún lugar a menos que sea con amigas, odio cuando pasan de mí."*

Blanca decidió compartir su recuerdo con Estefanía, quien respondió primero dándole un abrazo, y luego dijo *"Blanca, le pedí a Ingrid que me ayude porque tú has estado muy ocupada con tanto qué hacer. Pensé que era hora de que alguien más tome la posta en hacer el trabajo duro, para darte un respiro. Nunca fue mi intención hacerte a un lado, o implicar que no eras lo suficientemente buena, lamento que te hayas sentido herida. ¿No ves cuánto todos en la organización te respetan y te admiran?"*

Al hacer el trabajo de los recuerdos, Blanca tuvo el coraje de compartir sus pensamientos y sentimientos con Estefanía. Estefanía nunca habría podido adivinar lo que Blanca estaba pensando y sintiendo, ya que no sabe leer la mente. Una vez que supo cómo se sentía Blanca, pudo ser capaz de alentarla.

Dani usó su trabajo con recuerdos para aprender cómo encajar. Siempre se vio a sí mismo como un solitario. Al escribir su oración, se sintió confundido, ya que no podía imaginar cómo la cabeza de un periquito muerto saliendo de debajo de una caja, podía ayudarle a entender algo de su situación presente. "Ni siquiera tengo un periquito" dijo. Lo que Dani necesitaba hacer era traducir su información. Tal vez tú encuentres que necesitas hacer lo mismo para entender lo que has descubierto.

El periquito muerto, al igual que el autobús del recuerdo de Blanca, representa algo más, es una metáfora para Dani. Al mirar la primera parte de la oración, Dani se dio cuenta que el periquito simbolizaba un error. Dani luego pensó en todas las maneras en que permanecía en silencio y al margen. Si cometía un error, nadie se daría cuenta, y no se metería en problemas. No era de extrañar que pensase que no encajaba. No es que era tímido o silencioso, él se mantenía alejado como un mecanismo para mantenerse lejos de los problemas. Dani también se dio cuenta que la única persona con quien estaba en problemas cuando murió el periquito, era él mismo. Se estaba castigando y enjaulándose él mismo por haber matado al periquito por accidente.

Sin darse cuenta, el adulto Dani, seguía temiendo las catástrofes imaginarias que su niño interior de cinco años había conjurado. Dani se sintió triste de haber matado por accidente al periquito, pero se dio cuenta que los errores cometidos como adulto en sus actividades y relaciones no causarían un daño irreversible.

Usos adicionales para los recuerdos tempranos.

Patricia se quejaba de su marido incesantemente, pero estaba segura de que, si esperaba lo suficiente, el cambiaría a ser la persona que ella podría amar. Amenazó con el divorcio en más de una ocasión e incluso se fue de la casa por un corto período, pensando que la separación sacudiría a Jaime para que reaccione. Esta situación continuó cuesta abajo, hasta que Patricia trabajó un poco en sus recuerdos. Para empezar, se enfocó en una situación reciente con Jaime, y luego pensó en un recuerdo temprano. Al enfocarse en una situación reciente, ella disparó su cerebro para que la provea de un recuerdo que la pueda ayudar a indagar más profundamente y entender la situación de mejor manera.

"Estaba en un parque de diversiones por la primera vez y vi el carrusel. Quería tanto dar una vuelta, pero me daba miedo y así lo dije. David, mi primo de diecinueve años, se agachó cuando me escuchó decir que me daba miedo, y me dijo al oído, ¿Qué tal si vamos juntos en el carrusel?, yo sonreí, y tomé su mano. Juntos nos subimos. Cuando empezó a funcionar, él se paró a mi lado con su brazo alrededor mío. Pude ver los anillos de bronce y pregunté para qué servían. Me dijo que podía agarrarme de uno. Nuevamente dije que me daba miedo, que temía caer. Él dijo "Yo te sostengo", Qué si me caigo de todos modos le dije, "Yo me caigo contigo". Me sentí muy amada. Decidí que me gustaba estar con mi primo y que él era bueno."

Después de mirar al recuerdo que escribió, Patricia pensó, "Con razón no soy feliz en mi matrimonio. Estoy buscando a una persona completamente diferente. Yo quiero a alguien como mi primo, y mi marido no es nada como él. No me gusta cómo es. Le estoy pidiendo que cambie quien es, no lo que hace, y eso no es justo. Él no puede hacer eso, lo que realmente necesito es encontrar por qué sigo viviendo con él. Yo deseaba alguien que me sostenga y caiga conmigo si cometía un error, como la pequeña niña en mi recuerdo. En nuestro matrimonio, soy yo quien sostiene a Jaime. Lo consiento, porque yo misma deseo ser consentida, y creo que si hago por él lo que deseo que haga por mí, va a darse cuenta. Ahora veo que nunca va a darse cuenta.

Aún hay más tesoros por descubrir para Patricia, así que usó tres nuevas herramientas que hicieron de su recuerdo una gran ayuda. La primera herramienta fue hablar con su niña interior de cinco años y descubrir lo que necesitaba. La segunda herramienta era hacer un chequeo de realidad. Finalmente, usar su "varita mágica" para reescribir su recuerdo de la manera que quisiera que sea.

Plan de Acción: Intenta estas herramientas para desatascarte.

Herramienta 1: Pregunta a tu niño interior lo que necesita.

Imagínate a ti mismo teniendo una conversación con tu niño interior a la edad que tenía en tu recuerdo. Quizás están sentados juntos en un sofá, un tronco, un columpio, balanceándose o abrazándose, jugando en el parque u horneando galletas, viendo una película con palomitas de maíz, patinando, comiendo pizza, o de compras. En tu mente, pretende que tu niño interior te está diciendo lo que necesita, y escucha con cuidado.

Patricia se imaginó sentada en una banca del parque de diversiones con su brazo alrededor de su niña interior de cinco años, sentada en su falda. Cuando le preguntó a la pequeña niña lo que necesitaba, la pequeña Patricia dijo, *"Quiero que mi primo David esté conmigo. Él me cuida y me mantienen a salvo"*. Patricia le dijo a su niña interior, *"David no está aquí, pero yo te mantendré segura. Empecemos por decirle a Jaime lo infeliz que te sientes."*

Herramienta 2: Has un chequeo de realidad

Pregúntate si es tu comportamiento el que invita las respuestas que obtienes de los demás o al cambio que deseas en la situación.

Cada vez que Patricia se sentía infeliz sobre su matrimonio con Jaime, se volvía su niña interior de cinco años. Aunque Jaime veía una mujer adulta, estaba lidiando con una Patricia de cinco años y no se daba cuenta. Lo que veía era una persona abatida, de cara triste con pucheros y hosca, que es como Patricia se comportaba a los cinco años cuando tenía un problema. Con esta herramienta, Patricia se imaginó a alguien conocido de cinco años para tener una idea clara de cómo se ve y se comporta un niño de esa edad.

Pensar en el vecino de cinco años, hizo sonreír a Patricia, ya que reconoció la edad emocional de la persona dentro de ella, tratando de lidiar con su matrimonio. Con razón Jaime no respondía bien a sus esfuerzos por comunicarse. Esta información alentó a Patricia al ayudarla a no ser tan dura consigo misma. Se permitió tiempo para calmarse cuando estaba molesta, usando sus palabras de adulto para comunicarse con Jaime más tarde.

Herramienta 3: Usa la "varita" para reescribir tu recuerdo.

Pretender que tienes una varita mágica es una forma fácil de encontrar cómo solucionas los problemas o de cómo te gustaría que fuese la vida.

Cuando Patricia "pasó" su varita sobre su recuerdo, David estaba en todos sus paseos junto a ella. Su solución de varita mágica le mostró a Patricia, que quería alguien en su vida que actúe como David todo el tiempo. ¿Estaba viviendo en la negación, pensando que Jaime podía ser como David? ¿Fue Jaime alguna vez como David?

Después de usar estas tres herramientas, Patricia tuvo mucho en qué pensar y tenía muchas preguntas. ¿Estaba en el matrimonio adecuado? ¿Invitaba a respuestas poco saludables por parte de Jaime porque actuaba como una niña de cinco años cuando se sentía poco amada? ¿Sería posible para ellos sanar su relación, si compartía su recuerdo y sus decisiones con Jaime?

La última pregunta la asustaba porque no quería que Jaime se enojara y gritara, o que salga en el auto y se quede fuera durante horas. "Cuando actúa de esa manera, de manera emocional, yo me convierto en una niña de cinco años, y no soy lo suficientemente grande para quedarme en casa sola". Quizá podría al menos decirle eso a Jaime.

Descubriendo y sanando asuntos del pasado.

Patricia no es la única que actúa como niña de cinco años cuando está molesta. Quizá te has encontrado a ti mismo o a personas cercanas comportándose de manera que parece inapropiada o desproporcionada. Probablemente algo de la situación (una palabra, un sonido, un olor, una frase, o una acción) desencadenó algún asunto inconcluso de tu infancia. Inconscientemente, actuaste como ese niño asustado que llevas dentro. Una vez que haces la asociación y empiezas a actuar de acuerdo al patrón que aprendiste hace tanto tiempo, es casi imposible parar en ese instante para que "crezcas" y empieces a actuar de forma racional. Mientras más has guardado dentro, más grande será la reacción, pudiendo incluir pánico total y pesadillas.

Cuando hacemos trabajo de recuerdos tempranos, te pedimos que digas tus sentimientos y pensamientos junto con el recuerdo. Los sentimientos tienen energía, y si los sentimientos se reprimen durante demasiado tiempo, tienden a salir de forma extrema. Lo mismo puede ser cierto cuando tu no examinas las decisiones tomadas en la infancia.

Existen muchos nombres para estas distorsiones: Mal viaje, crisis nerviosa, ataques de ansiedad, desbalance químico, Síndrome de estrés post traumático, entre otros. Más que sólo tratar el problema con fármacos, es importante retroceder al pensamiento o sentimiento original y empezar el proceso de sanación. Puedes hacer esto usando tus propios recuerdos.

Algunas de las experiencias que invitan especialmente a las personas a mantener los sentimientos y pensamientos reprimidos, son el abuso emocional, físico o sexual en la infancia temprana, y el haber crecido con padres demasiado controladores, permisivos, que sufrían adicciones o eran negligentes. Si tu infancia incluyó algo de esto, quizá ya sepas cuánta vergüenza y dolor puede cargar una persona. Cuando eras niño, pudiste haber decidido que eras malo, o que las situaciones negativas eran culpa tuya. Quizá hayas ignorado u olvidado ciertos eventos porque eran demasiado dolorosos o atemorizantes. Quizá, como adulto, no recuerdes, por qué sientes o piensas de la forma en que lo haces. De niño, puede ser que encontraste una manera de escapar emocional y mentalmente de tu sufrimiento. Algunas de las personas con quien hemos trabajado visualizaban el escapar a través de una grieta en el techo. Otras se imaginaban dejando su cuerpo y yendo a un lugar seguro. Un joven que fue golpeado repetidamente de niño, se imaginaba yendo hasta el final de la calle en la que vivía. Incluso en su fantasía, no se atrevía a ir más lejos, contó, "No se me permitía cruzar la calle si no estaba con algún adulto."

Si comienzas a tener recuerdos incómodos, sentimientos o pensamientos, esperamos que los sacarás usando el trabajo de recuerdos tempranos en lugar de tratar de controlarlos y esconderlos de ti mismo más tiempo.

Jasmín estaba de paseo con unos amigos en un viaje de esquí el fin de semana, Ella y otros ocho esquiadores estaban sentadas a la mesa compartiendo la comida. De repente, Jasmín empezó a sentirse mareada y no sabía por qué. Pensó que el mareo pudo haber sido causado por el olor de los frijoles cocinándose en la hornilla, pero no estaba segura. Jasmín se dio cuenta que a menudo le daba dolor de estómago cuando veía o pensaba en una olla de frijoles. Cuando estaba en casa, nunca los compraba o los comía. En la comida compartida, Jasmín no quería armar una escena, así que intentó ignorar la sensación.

Unos minutos más tarde, su amigo Braulio le dijo *"Oye Jas, ¿No me vas a agradecer por haber cargado tus esquís hoy?"* Al no sentirse bien, Jasmín ignoró el comentario y no dijo nada, pero Braulio repitió, *"Jas, me debes un agradecimiento, no me hagas esperar."* A pesar de estar sonriendo mientras le decía a Jasmín qué hacer, ella sintió su estómago apretarse y pensó que vomitaría. Luchando por mantener el control, no dijo nada. Al no obtener respuesta, Braulio empezó a caminar hacia Jasmín, como si la fuese a tocar. Jasmín se puso de pie y gritó, *"Aléjate de mí. No lo puedo soportar. Déjame en paz. Ya es demasiado."* El resto, conmocionado, se mantuvo en silencio, tratando de entender lo que había sucedido, mientras Jasmín salía corriendo hacia su auto y se marchaba.

Al siguiente día, una de las amigas que estuvo en la comida, llamó a preguntar cómo estaba. Jasmín dijo, *"Me siento tan avergonzada y humillada. ¿Podrán perdonarme por armar semejante escándalo?"* Su amiga le dijo que nadie estaba enojado, solo estaban confundidos. Jasmín respondió, *"Esto es difícil para mí, pero creo saber lo que sucedió, porque he estado trabajando con mis recuerdos. Cuando llegué a casa, escribí un poco en mi diario, y creo que lo tengo claro. ¿Seguro quieres escuchar?"* Su amiga respondió que sí.

"Creo que de pequeña abusaron de mí. La otra noche recordé algo del pasado, vi una casa que estaba al final de la calle de nuestro hogar. Recuerdo entrando para ver unos gatitos recién nacidos. Tendría unos cuatro años. El hombre que vivía allí hizo algo para herirme. Yo estaba llorando y trataba de escapar. El sostuvo a uno de los gatitos sobre la olla de frijoles que se estaba cocinando y dijo "Si le cuentas a alguien lo que acaba de suceder, voy a matar a toda tu familia y voy a cortar a este gatito en pedazos y agregarlos a los frijoles." *Creo que la combinación de ver la olla de frijoles la otra noche y que Braulio se acercó a mí diciendo que debía agradecerle, disparó algo. Mis emociones se sentían como un regulador de intensidad. Al ver los frijoles en un inicio mis sentimientos estaban muy tenues y para el momento en que Braulio se levantó y caminó hacia mí, estaba llena de sentimientos intensos. Espero no haber asustado a nadie, pero creo que fue muy bueno para mí, el haber gritado a Braulio que pare, porque es lo que no pude hacer cuando era niña."*

Jasmín estaba sanando asuntos del pasado. Guardarse dentro los sentimientos la habían estado enfermando.

Cómo empieza la sobre compensación

Cuando era niña, Jasmín había decidido que era su culpa cuando su vecino abusó de ella, y esa decisión la cambió. Antes del incidente, era una niña feliz y afortunada. Después, decidió que era una niña mala.

La autoestima de Jasmín estaba muy dañada. En lugar de ser la persona alegre de siempre, se volvió callada y se rehusaba a ir sola a cualquier lugar. Pasaba horas en su cuarto con sus libros de colorear. Más tarde en la vida, continuó con su arte, el cual disfrutaba, pero siempre sintió que una parte de ella había desaparecido. Ella sabía que para ella, el arte era un escape, una manera de probar al mundo que ella valía la pena. A pesar de recibir muchos elogios por sus acuarelas, dentro de sí misma nunca creía que era los suficientemente buena.

Cuando sucedió el incidente en la comida con amigos, ella estaba saliendo con un policía que no le agradaba mucho. Luego de trabajar con sus recuerdos, se dio cuenta que tal vez salía con él porque pensaba que la mantendría segura. La niña de cuatro años que llevaba dentro todavía necesitaba protección. Jasmín logró terminar esa relación cuando se dio cuenta de que era capaz de cuidarse a sí misma. Su independencia estaba creciendo, y sintió que su antiguo ser estaba regresando.

Jasmín estaba trabajando para detener sus pensamientos de *"a menos que…"* En el pasado, había creído que a menos que se convierta en una artista exitosa sería una "don nadie", que no valía la pena amar. Mientras trabajaba en sus recuerdos, empezó a ver que tenía más opciones. Terminar la relación con su novio era una de las opciones, compartir su trabajo de recuerdos con su amiga era otra. Eventualmente, Jasmín se convenció de que no tenía que probar nada a nadie. Ella no era una mala persona sin valía, sus patrones de comportamiento conectados a decisiones tempranas se disparaban cuando alguien más la hería. Si se hubiese o no convertido en artista era una pregunta inútil. Ella era una artista, y una muy buena, y sobre todo amaba cada minuto de su trabajo.

Actividad de Concientización: Cuando se dañó tu autoestima.

Si piensas hacia atrás, probablemente puedas señalar el momento en que tu autoestima se dañó. No es lo que te sucedió, sino lo que decidiste sobre lo sucedido lo que te empujó en el camino de la sobre compensación. Cierra los ojos y deja un recuerdo venir a tu mente. Fíjate en el recuerdo, los sentimientos, y las decisiones con tus ojos de adulto. Mira si puedes descubrir cómo has sobre compensado para probar tu valía.

Está en la naturaleza humana creer que tienes que comportarte de cierta manera para que nadie se dé cuenta cómo eres en realidad, pero esperamos que después de leer este libro, sepas que estás bien tal cual tú eres, y que muchos de tus pensamientos, sentimientos y comportamientos son formas de sobre compensar. El trabajo con los recuerdos tempranos puede traerte de vuelta a quién eres en realidad. Tus recuerdos tempranos son un relato sobre tu experiencia personal, pero tu historia la creaste basándote en las decisiones que hiciste. Con entendimiento y optimismo, puedes reescribir tu historia y ser tú mismo.

Usa el "tesoro" escondido en tus recuerdos para generar el cambio en tu vida y en tu mundo.

Esta semana has aprendido que tus recuerdos contienen un Tesoro escondido. Las reflexiones en tu niño interior te pueden mostrar lo que ese niño necesita para sanar, para que puedas reclamar tu ser verdadero y tu autoestima. Junto con las actividades que has completado esta semana, puedes usar las siguientes para descubrir más sobre los hábitos de pensar, sentir y comportarse que adoptaste siendo un niño pequeño, hábitos que continúan gobernando tu vida.

Actividades de Concientización: Más formas de trabajar con tus recuerdos

- Escribe tu recuerdo más temprano. Es el enunciado más claro de quién eres. Pide ayuda para hacer una lluvia de ideas y llenar el cuadro de "yo", "Los Otros", "La Vida" y "Por lo tanto", y así poder aprender más de tus creencias fundamentales (tu lógica privada)

- Imagina que tienes una varita mágica. Con tu imaginación, retrocede hasta tu infancia y agita la varita sobre los eventos que desearías hayan sido diferentes. Por cada situación, escribe lo que cambiarías y cómo esto daría un resultado diferente para tu vida.

- Dibuja uno de tus recuerdos tempranos. No necesitas ser un artista para hacerlo. Puedes usar figuras geométricas o hacer personas de palitos. Puedes poner burbujas de diálogos en las cabezas de las personas del recuerdo que dibujas y que puedan decir algo. Pon un título a tu dibujo. Escribe sobre lo que te dice el dibujo sobre tu lógica privada.

- Imagina a tu niño interior y dale voz. Escribe lo que sea que el niño

- te está diciendo y mira cómo puedes usar esa información para ayudarte a resolver alguna situación actual en tu vida.

- Mantén un diario de recuerdos. Te asombrarás al ver cómo tus recuerdos evolucionan mientras tu cambias. Fíjate incluso en la más pequeña variación y úsala para ayudarte a registrar tu progreso. Una mujer recordó estar en un patio montando su triciclo en círculos. Más tarde, después de trabajar en su terapia, recordó estar en el patio en su triciclo y fijándose en una puerta en la pared del patio. Más tarde todavía, se vio empujando la bicicleta hacia las paredes del patio y mirando al otro lado. EL cambio en su recuerdo revelaba el progreso que estaba teniendo.

- Nota cuando uno de tus recuerdos tiene un nuevo sentimiento asociado al mismo. Al trabajar en alentar a tu niño interior, te darás cuenta que tu trabajo te da una visión más positiva. Si tienes un recuerdo con un nuevo sentimiento asociado, escribe sobre qué ha cambiado en tu vida.

- Pide a otros que te digan qué pueden ver en tus recuerdos, ya que a menudo es difícil ser objetivo. Tu recuerdas lo que encaja con tu lógica privada, por lo que necesitas la perspectiva de otras personas para ayudarte a ver lo que te puedes estar perdiendo de vista. Si lo que ellos ven no va contigo, no lo use

Semana 7—
Cómo pensar, sentir y actuar como una nueva persona

¿Acaso están evitando que te alientes o alientes a otros alguna de las siguientes formas de pensar, sentir o comportarse?

1. Si pones tu energía en esperar que otros cambien, tendrás que esperar bastante. Pensar que eres una víctima de las circunstancias y que las cosas malas que te suceden son por culpa de otros te estanca en el desaliento.

2. Si continúas pensando que el resto mira al mundo de la misma forma que tú, serás incapaz de hacer espacio a las diferencias.

3. Pensar en absolutos, como "siempre" y "nunca" reducen tus opciones e impiden tu crecimiento.

4. Pensar que nunca podrás cambiar, y creer que tus viejos patrones son tus únicas opciones, de seguro te dejará estancado.

5. El no prestar atención a las luces de alerta en tu "tablero" de sentimientos podría llevarte a que explotes o dejarte quemado.

6. Juzgar o limitar los sentimientos te puede enfermar.

7. Pensar tus sentimientos en lugar de sentirlos no te permitirá construir intimidad dentro de tus relaciones.

8. Podrías estar cometiendo el error tan común, de tomar el enojo de otras personas hacia ti, como algo personal, en lugar de darte cuenta que su enojo es información acerca de ellos.

9. Si crees que debes tener una muy buena razón para enojarte, no serás muy hábil reconociendo el sentimiento cuando surja. Podrías tender a guardar varias pequeñas quejas o malestares no expresados, hasta que estallas, de una manera dramática (y probablemente peligrosa) de lo que percibes como enojo justificado.

10. Si no eres consecuente en cumplir con acciones lo que dices que vas a hacer, el cambio será elusivo.

11. Si crees que tienes que convencer a otra persona para que piense como tú, estarás tan ocupado armando tu caso que harás que todos pierdan el tiempo en lugar de obtener lo que deseas.

12. Si crees que tus ideas no son importantes, o temes que decirlas en voz alta empeorará la situación, podrías retener y guardarte tus opiniones; entonces nadie sabrá lo que piensas o sientes, y tampoco podrán ofrecerte ayuda.

Entender las conexiones y las diferencias entre pensar, sentir y actuar puede ponerte en el asiento del conductor de tu propia vida. A medida que leas el capítulo de esta semana, te sorprenderás por la noción de que ni las enfermedades ni otras personas son la causa de los sentimientos o los comportamientos poco efectivos que te dificultan el seguir avanzando en tu vida. Aprenderás que mientras que los sucesos y las personas pueden *provocarte*, ellas no causan que sientas o actúes de una manera en específico. Lo que guía tu comportamiento son tus propios pensamientos y sentimientos. Esto significa que la habilidad para cambiar recae exclusivamente en tus propios hombros.

La siguiente es una de nuestros relatos favoritos para ilustrar esta idea. Un joven se subió a un autobús repleto con sus brazos llenos de paquetes. Alguien tropezó con él y sus paquetes salieron volando. Él estaba muy enojado y se dio vuelta para gritar al ofensor. Al girar, se dio cuenta que la persona que había tropezado con él llevaba un bastón blanco y era ciego.

Ahora, en lugar de gritar, se encontró a sí mismo pidiendo disculpas por haber estado en el camino del hombre ciego.

En primera instancia, el joven *pensó* que la persona que había tropezado con él era desconsiderada. Ese pensamiento le llevó a *sentir* enojo, y cuando estuvo con iras, su *comportamiento* habitual era gritar al agresor. Pero al caer en cuenta del bastón, *pensó:* "Esa persona es ciega y no puede evitarlo." Se *sintió* avergonzado de que, por poco, arma una rabieta explosiva. El sentimiento de vergüenza lo llevó a *comportarse* pidiendo disculpas al supuesto villano y preguntar si podía ayudarlo a encontrar un asiento. Todo esto sucedió en cuestión de segundos.

Los *sentimientos* vienen de los pensamientos, y las acciones de los sentimientos. No puedes tener un sentimiento sin un pensamiento, aún sin ser consciente del pensamiento. Tampoco puedes ejecutar ninguna acción sin la energía de un sentimiento que la impulse. Si quieres alentarte a ti mismo a realizar un cambio en tu vida, tendrás más éxito si caes en cuenta de tus pensamientos, tanto los conscientes como los inconscientes, y los cambias, o caes en cuenta de tus acciones y las cambias. Cambiar tus pensamientos cambia los sentimientos, y esto lleva a cambios en el comportamiento. Cambiar el comportamiento también lleva a cambios en los sentimientos, y esto lleva a cambios en los pensamientos.

Descubre la diferencia entre pensamientos, sentimientos y acciones.

Existen dos clases de pensamientos, aquellos de los que eres consciente y aquellos que son inconscientes. La semana pasada, cuando leías acerca de los recuerdos de infancia, aprendiste que hay muchos pensamientos por debajo de la superficie de tu conciencia que están teniendo un gran impacto en tu vida. Aprendiste a cómo acceder a ellos a través del trabajo en tus recuerdos. También aprendiste a identificar la edad del niño que está escondido dentro tuyo, dirigiendo el espectáculo con su lógica privada.

Esta semana, descubrirás más maneras de alentar a ese niño interior y ayudarle a mejorar su lógica. Los pensamientos de los que *sí eres* consciente, serán un punto de enfoque importante esta semana.

Los pensamientos ocurren en tu cabeza. Si eres como el 99% de las personas del mundo, es probable que confundas los pensamientos con los sentimientos. Cuando dices cosas como "Siento *como si* tú siempre vieras lo peor de las personas", te estás refiriendo a un pensamiento no a un sentimiento. Lo mismo sucede si dices "Siento *que...*" o "Siento *que ella...*" Lo que le sigue a "que" y "ella" son pensamientos, no sentimientos.

Los sentimientos casi siempre se pueden nombrar con *una sola palabra* que describe algo que sucede en tu cuerpo, debajo de tu cabeza. Si te cuesta mucho nombrar tus sentimientos, copia y pega en un lugar visible, el cuadro de las Caras de Sentimientos, de la Semana 1. Entonces cuando digas "Me siento..." continúa la frase con una de esas palabras. Desarrollar tu habilidad para reconocer tus sentimientos es uno de los cambios más alentadores y poderosos que puedes hacer para seguir adelante.

Entre los pensamientos, sentimientos y acciones, las acciones son las más fáciles de observar. Con las acciones, no hay secretos. Usamos la expresión "Hablar con dos lenguas" La lengua que tienes en la boca representa tus palabras, mientras que la lengua (lengüeta) de tu zapato, ¡es decir tus pies! Representa tus acciones. Tus acciones muestran tus verdaderas intenciones, más allá de lo que digas. ¿Con qué lengua hablas? (Agradecemos a Steve Cunningham por esta creativa reflexión). Cuando ambas lenguas están de acuerdo, y eres consecuente actuando según lo que has dicho que harías, experimentarás el cambio, si no lo haces es muy probable que nada mejore.

Vivimos en un mundo donde el alterar los pensamientos, sentimientos y comportamientos con substancias y drogas (incluyendo las de prescripción) está arraigado en la cultura, e incluso en la sabiduría convencional. Mientras es cierto que las drogas pueden alterar los pensamientos, sentimientos, e incluso los comportamientos, no ayudan a mejorar las circunstancias de las personas. Tampoco se puede crecer y sanar tan solo al poner un nombre de enfermedad a cada condición. El modelo de aliento y empoderamiento te ayuda a darte cuenta que cuando las cosas no van bien, necesitas buscar el desaliento en lugar de la enfermedad. Usar los círculos de "pensar, sentir, y hacer" es una forma comprobada y verdadera para tener éxito en esto.

Cuando cambias tus acciones, tus sentimientos y tus pensamientos también cambian. De forma similar cambiar tus pensamientos, puede cambiar tus sentimientos y ayudarte a tomar nuevas acciones. O puedes enfocarte en cómo deseas sentirte para ayudarte a descubrir lo que necesitas cambiar para llegar allí. Es hora de poner todo esto junto.

Actividad de Concientización y Plan de Acción: Usa los Círculos de "Pensar, Sentir, Hacer" para alentarte a ti mismo.

1. En los círculos de abajo, empieza por el círculo de la mitad que dice SENTIR. Piensa en un sentimiento que has tenido en los últimos días y escríbelo.

Asegúrate de usar el cuadro de Caras de Sentimientos de la Semana 1, como ayuda para asegurarte que estás usando una palabra de un sentimiento.

2. Cuando te sentiste así, ¿Qué estabas pensando? Escribe esto en el círculo PENSAR.

3. Ahora escribe en el círculo HACER con lo que hiciste para manejar a situación. Pregúntate si lo que hiciste te ayudó a lograr la meta que buscabas. Quizá quieras escribir tu meta en la parte superior de la hoja. En este ejemplo, la meta era comprometerse y disfrutar el proceso.

4. ¿Listo para el cambio? Usa los círculos para un resultado diferente. Nuevamente, empieza con el círculo del medio y escribe cómo te gustaría sentirte.

5. ¿Qué necesitarías pensar para sentirte así? Escríbelo en el círculo PENSAR.

6. Con esos nuevos pensamientos y sentimientos, ¿Qué estarías haciendo? Escribe eso en el círculo de HACER.

Así, has podido crear un nuevo plan de acción para ti. Lo que parecía imposible se ha vuelto posible al escoger dos nuevos pasos. Usar los círculos te puede ayudar a moverte hacia adelante con aliento y de las formas más sorprendentes.

Más formas de ajustar tu pensamiento.

Ahora que entiendes la conexión entre pensamiento, sentimiento y acción, puedes descubrir un sinnúmero de opciones además de usar los círculos, para cambiar un patrón que no te está funcionando. No importa si empiezas cambiando los pensamientos, los sentimientos, o las acciones del patrón para alcanzar un resultado más enriquecedor. Te mostraremos abordajes para cada uno.

Regálate un ajuste de actitud.

¿Has escuchado la expresión "Eres lo que comes"? Bueno la hemos parafraseado a "Eres lo que piensas". Seguro conoces algunas personas con una actitud pesimista, negativa o de "pobrecito yo", esos que siempre ven la taza medio vacía. No se ven satisfechos o no tienen lo que quieren en sus relaciones y en la vida. Sin embargo, parece que no se dan cuenta de cómo su actitud podría estar invitando las respuestas que obtienen.

¿Cómo respondes ante personas llenas de rencor y pesimismo? ¿Buscas pasar mucho tiempo con ellas o mas bien tomas tu distancia? Por el otro lado, las personas optimistas, con actitud positiva, que ven la taza medio llena. Estas personas invitan a respuestas diferentes. ¿Cómo respondes tú a esas personas?

¿Qué hay de ti? ¿Eres un optimista o un pesimista? Para ayudarte a determinar si estás necesitando un ajuste, tómate unos minutos y acércate a tu marco de pensamiento actual. ¿Ves la taza medio llena o medio vacía? ¿Cómo se está reflejando esto en tu vida? ¿Acaso las otras personas te llaman negativo? ¿Enfrentas cada día lleno de energía y entusiasmo, o preferirías quedarte en la cama? ¿Te quejas de todo y de todos? Si no estás seguro de cómo responder a estas preguntas, pide a un amigo o amiga que te diga lo que nota en ti. Tu amigo podría ser más objetivo en cuanto a cómo te enfrentas a las cosas. Una vez que seas consciente de tu actitud (otra palabra para referirse a tus pensamientos), podrías darte un ajuste de actitud al cambiar cómo piensas.

Pierre ingresó a tratamiento luego de que su esposa empacó sus cosas, tomó a su hijita de cuatro años y se mudó. Ella había pasado el último año asistiendo a reuniones de Al-Anon porque le preocupaba que Pierre bebía demasiado, y cuando lo arrestaron por conducir bajo influencia del alcohol fue la gota que derramó el vaso. AL salir por la puerta, la hija de Pierre lo miró y le dijo *"Papi, bebes demasiado"*. Sus palabras le rompieron el corazón.

Al estar en tratamiento, Pierre no consideraba a su manera de beber un problema. Después de todo, pensaba, él no bebía tanto como la mayoría de sus amigos. Es más, él era quien llevaba a sus amigos de vuelta a casa en su auto, y fue así como lo arrestaron. Pero al pasar más tiempo en su tratamiento, Pierre empezó a darse cuenta los efectos devastadores que el alcohol tenía en su vida. Su padre había sido un bebedor violento que golpeaba a sus hijos. Pierre consideraba que, al no comportarse como su padre, no era tan malo. Al hablar en la terapia de grupo, se empezó a dar cuenta de cuántas veces no había estado presente o disponible para su esposa o su hija, y cuánto se había desvinculado de sus propios sentimientos.

Al terminar el programa, Pierre continuó con sesiones de AA diarias, obtuvo un padrino, asistía a su grupo de cuidado, y diligentemente trabajó en su programa de recuperación. Le pidió a su esposa que regrese a casa y prometió que la vida sería diferente. Ella había escuchado antes sus promesas, sabía que necesitaría más tiempo y aunque sus pensamientos habían cambiado, ella necesitaba prestar atención a sus acciones y no a sus palabras. Al seguir trabajando con AA, la actitud y abordaje ante la vida de Pierre continuaron cambiando. Dejó de beber, y ahora pensaba en cómo esperaba que fuera su vida. Compartió sus sentimientos y empezó a hablar con su esposa sobre las cosas que le molestaban. La vida no era perfecta, pero Pierre se sintió crecer. En una reunión en la que recibió su condecoración de un año, él dijo, con los ojos llenos de lágrimas, *"Nunca pensé que diría esto, pero soy un alcohólico agradecido, y ahora sé lo que eso realmente significa."*

Pierre cambió su actitud mientras estaba en tratamiento. Pasó de pensar que el beber no era gran cosa a darse cuenta que estaba destruyendo a su familia con su comportamiento.

Al leer este libro habrás encontrado ya algunas maneras de cambiar tu actitud.

Abandona el Pensamiento Mágico

Encontrarte a ti mismo y a otras personas en lo que llamamos "pensamiento mágico" es esencial si buscas hacer cambios y seguir hacia adelante. El pensamiento mágico es la creencia de que sólo con visualizar, fantasear, esperar, o planear algo, hará que suceda. Si estás infeliz en una relación y continúas esperando que todo va a mejorar, aunque no hagas nada diferente, te has enganchado con el pensamiento mágico.

Otra manera de descubrir si están enganchado en pensamiento mágico es referirte a la Semana 5, cuando aprendiste sobre el espacio entre cómo crees que la vida debería ser y cómo la vida es realmente. El tamaño de ese espacio refleja cuánto estrés experimentas. Cuando notas que el espacio es grande, pero sigues pretendiendo que, incluso sin hacer nada, las cosas van a cambiar, estás metido en pensamiento mágico.

Si quieres moverte hacia adelante, necesitas agarrar tu pensamiento mágico. Si crees que todas tus diferencias con otra persona van a disolverse con tan solo esperar lo suficiente, eso es pensamiento mágico. Cuando practicas el pensamiento mágico, te pierdes de enfrentar lo que es real. Si no sabes la diferencia entre fantasía y realidad, no podrás tomar decisiones saludables. El pensamiento mágico solo trae consigo decepciones. Fíjate en cómo el pensamiento mágico crea el caos para Anita y Carlos en los ejemplos siguientes.

Anita y su esposo han estado casados durante doce años. Tienen tres niños y viven a las afueras de la ciudad, como Anita siempre soñó. Desafortunadamente, eso era lo único que Anita tenía cumplido de sus sueños. El esposo en su fantasía era amable, juguetón, y amoroso. Sin embargo, su esposo real trabajaba hasta tarde cada día, llegaba exhausto, justo antes de acostar a los niños, y les gritaba por ser desordenados e irresponsables. Sus críticas constantes eran abusivas. Una vez, empujó a Anita hacia la pared cuando le rogó que no grite a los niños. Los amigos de Anita le urgían que se vaya antes de que la situación empeore, pero ella les decía que su familia era importante y que la situación mejoraría tan pronto como su marido deje de tener tanto estrés en el trabajo. El pensamiento mágico de Anita le seguía anticipando un mejor futuro a pesar de la falta de evidencia de que algo podía cambiar.

Carlos pensaba que decir algo lo haría suceder. Por ejemplo, decía que quería remodelar la cocina, y se imaginaba completando el trabajo en su cabeza. Así que cuando el trabajo en la realidad no estaba hecho, se preguntaba por qué su esposa se quejaba. Después de todo había dicho que la remodelaría. Esta forma de pensamiento mágico de Carlos, volvía loca a la gente, en especial en su oficina. Constantemente hacía promesas que no cumplía. Más de una vez, cuando alguien le confrontaba sobre su falta de cumplimiento, se veía genuinamente confundido y decía *"Habría jurado que ya lo hice. ¿No dije que lo haría?"*.

¿Por qué pensaba Carlos que podría decir a las personas lo que querían escuchar y que eso sería suficiente? ¿Por qué Anita insistía en quedarse en una relación abusiva? Mientras Anita siga viviendo con su esposo y sus hijos, podía sostener su fantasía de que tenía una familia maravillosa, su casa y su matrimonio. Mientras Carlos crea sus propias palabras, podrá evitar mirar a su comportamiento. ¿Qué necesitaría Anita y Carlos para enfrentar la realidad? Para Anita, el ser físicamente abusada, el ver a sus hijos heridos, o descubrir que su esposo la estaba engañando podría servir como una alarma qe la despierte. Para Carlos, el que lo despidan podría captar su atención.

No esperes a que tu vida se deteriore para dejar tu pensamiento mágico. Empieza a notar el aumento de estrés que sientes. El estrés puede indicar que la distancia se ha ensanchado entre tu ideal y la realidad. Pregúntate a ti mismo qué realidad estás evadiendo con pensamientos mágicos. ¿Cómo sería tu vida diferente si aceptaras la realidad? Cualquiera que sea la respuesta, ten confianza en que podrás manejarlo. Tienes la oportunidad de cambiar la decepción en alegría si dejas de esconderte en el pensamiento mágico. De todos modos, hay más maneras de ajustar tu actitud y tu perspectiva. Sigue leyendo.

Plan de Acción: Reescribe tus creencias.

Recomendamos esta actividad para aquellos de ustedes que hacen cambios al cambiar sus pensamientos. Si prefieres hacer cambios usando tus sentimientos o acciones, probablemente encuentres otras formas más útiles. (Gracias a nuestra colega Lee Schnebly por mostrarnos esta práctica).

Comienza escribiendo una lista de tus creencias. Luego tacha las partes que no te gustan y reescribe nuevas decisiones en su lugar. Para ayudarte a crear enunciados de creencias, puedes regresar a la Semana 6, cuando escribiste tus recuerdos tempranos, y descubriste cómo interpretarlos y sacar tus creencias.

Cuando trabajas con tus recuerdos, busca los extremos en tu pensamiento, en especial por enunciados que implican que solo hay una manera de ser de las cosas. Mira si puedes buscar alternativas más alentadoras. Cuando completes tu lista, pégala en un lugar donde sea visible diariamente. Estas pueden convertirse en afirmaciones para ti. Nota, en el cuadro más abajo, cómo cada persona cambió una creencia para convertirla en enunciados más moderados, alentadores o empoderadores.

> **Enrique:** ~~No puedo dejar que nadie me ayude~~ *No tengo que hacerlo todo yo solo, puedo pedir ayuda.*
>
> **Simón:** ~~No voy a volver a pedir ayuda.~~ *Puedo pedir ayuda si lo deseo.*
>
> **Blanca:** Me gusta que me incluyan, ~~y no ser tratada como de segunda categoría.~~ *Y no debo preocuparme por si soy de segunda categoría.*
>
> **Dani:** Veo lo que hice y ahora ~~sé que estoy en problemas.~~

Plan de acción: Cambiar el pensamiento con afirmaciones.

Puedes hacer un alista de afirmaciones para ti de otras maneras. Hay muchos libros, calendarios, diarios, y otras herramientas con pensamientos diarios y palabras de sabiduría. Si te comunicas por redes sociales, probablemente recibes una lista de afirmaciones de alguien al menos una vez a la semana. Afirmaciones son un método popular para cambiar tu pensamiento al reemplazar los patrones viejos y destructivos de pensamiento por unos nuevos, optimistas y de afirmación.

Una vez que encuentres una Fuente de afirmaciones que te agraden, haz una lista propia. Pégala en el espejo del baño, en el refrigerador, o en algún lugar donde puedas leerlas cada día. Mientras más puedas leer y rodearte de tus afirmaciones, más rápido se convertirán en parte de tu pensamiento.

Una de las afirmaciones favoritas de la autora es el siguiente proverbio Zen:

El discípulo dice: "Estoy muy desalentado, ¿Qué puedo hacer?" El maestro responde: "Alienta a los demás".

Desarrolla una actitud de curiosidad para entender a los demás.

Cuando desarrollas una actitud de curiosidad, eres capaz de explorar el punto de vista sobre la realidad de alguien más, de una manera no amenazante. Una actitud curiosa te permite permanecer abierto para obtener información, para aprender acerca de la otra persona, permanecer afectuoso, y entender los asuntos de la otra persona.

Juana y Nadia eran amigas que se juntaban para hacer ejercicio una vez a la semana. Nadia se quejaba con Juana, de que ella corría demasiado rápido y le pedía que vaya más despacio. Juana no entendía cuál era el problema. Ella nunca se quejaba de que Nadia corría muy lento, y a ella no le importaba esperarla en el estacionamiento al finalizar su carrera.

De hecho, alentaba a Nadia a ir a un paso cómodo para ella, pero decirle esto sólo resultó en una discusión.

Juana sabía que no estaban mirando las cosas adecuadamente, así que decidió practicar una actitud de curiosidad para ver qué más podía aprender. Después de una pequeña conversación con un café de por medio, Juana preguntó a Nadia, *"Qué quisiste decir el otro día cuando me dijiste: "Te crees muy rápida?"* Nadia respondió, *"Nos juntamos para correr y luego tu sólo te vas."* Juana preguntó *"¿Me estás diciendo que yo corro más rápido que tú?"*. *"Por supuesto"* dijo Nadia; *"Tu sólo empiezas a correr y me dejas"* Juana le pidió que le cuente más. Nadia parecía un poco escéptica. *"Bueno, mi idea de salir a correr juntas es correr una a lado de otra, para poder hablar. No me gusta terminar quedándome sola"*, respondió. Juana le preguntó, *"¿Qué es lo que te molesta de aquello?"*. *"Pues yo no disfruto de correr a menos que tenga alguien con quién conversar, y en especial no me agrada correr sola en el parque, me da miedo. Me parece más seguro cuando estamos las dos."* Respondió Nadia. *"Ahora lo entiendo. Qué bueno que pregunté, porque nunca me hubiera imaginado nada de eso"* dijo Juana.

Lo que Juana descubrió con su actitud curiosa es que cada una de ellas tenía una idea diferente de su tiempo de ejercitarse juntas. No se trataba de quién tenía la razón. Nadia quería correr lado a lado. A Juana le gustaba salir juntas, correr cada una a su ritmo y encontrarse al final.

Si Juana y Nadia quieren encontrar un plan que funcione para ambas, les ayudaría dejar de intentar cambiar a la otra y solo aceptar que su pensamiento es diferente. Imagínate a ti mismo en una situación parecida. ¿Estarías abierto a sugerencias, en lugar de buscar culpables, intentando de probar que uno está en lo correcto y el otro no?

La curiosidad es una habilidad que emplea la escucha activa y reflectiva que aprendiste en *Disciplina Positiva*, para ayudarte a abrir la comunicación, aumentar el entendimiento y acercarte cuando entras en conflicto con tu hijo. Es una de las maneras en que el mensaje del amor logra llegar. Este tipo de escucha activa y abierta es igual de poderosa en las relaciones entre adultos. Las <u>preguntas de curiosidad, como las de la lista más abajo</u>, son unas de las frases más amorosas que puedes decir cuando tú y un amigo o miembro de la familia están envueltos en un conflicto debido a las diferencias que surgen de sus realidades separadas.

Preguntas de Curiosidad

Usar estas preguntas te ayudarán a practicar y desarrollar una actitud de curiosidad:

> *"¿Estás diciendo que...? (trata de adivinar)*
>
> *"¿Puedes (quieres) contarme más?*
>
> *"¿Qué es lo que te molesta (disgusta) de eso?*
>
> *"¿Hay algo más?*

Además de hacer preguntas clarificadoras como estas, cuando estás siendo realmente curioso, puedes decir lo que quieras siempre y cuando tus labios no se separen. Como en estos ejemplos: "Mmm...", "Mmm-Hmm...", "Ajá" y "Oh..." "☺"

El camino de los sentimientos hacia el cambio

Como adlerianos, creemos que somos seres indivisibles, que nuestras mentes y nuestros cuerpos están conectados, y que nuestras creencias impactan nuestra fisiología. Nos hemos topado con muchas personas que expresan sus problemas a través de sus cuerpos; los cambios no suceden en ellos hasta que trabajan con sus cuerpos para acceder a sus sentimientos. Si tú, eres una de las personas que prefieren tomar el camino de los sentimientos hacia el cambio, encontrarás ayuda en esta sección.

Conoce más acerca de tus sentimientos

Hemos dicho que los sentimientos son energía en nuestro cuerpo. Quizá tengas dificultad reconociendo que la energía dentro de tu cuerpo es un sentimiento. Quizá te has referido a esta energía como indigestión o con el nombre de alguna otra condición. Aquí es donde nos puede ayudar el "Cuadro de los Sentimientos" de la Semana 1. Pégalo en tu refrigerador para ayudarte a reconocer la palabra que va con el sentimiento.

Rodrigo, un médico familiar muy querido, se había estado sintiendo deprimido durante más o menos ocho meses. Había dejado de salir a trotar, odiaba ir a trabajar, y cuando regresaba a casa, se quejaba de todos los informes que tenía que escribir. Su jefe de departamento no perdía oportunidad para darle una reprimenda por no atender a los pacientes lo suficientemente rápido como para tener al día su trabajo de papeleo. A Rodrigo no le gustaba que le amonestaran, amenazaran, o que le digan que no podía dar a sus pacientes el tiempo y la atención que pensaba se merecían.

Rodrigo sentía más presión porque junto con su esposa habían comprado una casa recientemente y les gustaba vivir en la ciudad. Por un lado, temía tener que mudarse si perdía su trabajo, pero, por otro lado, no soportaba tener que ejercer la medicina de esta

---

manera. Se sentía atrapado, desalentado, y deprimido; aunque no consideraba el suicidio como una opción, sí tenía pensamientos de dar todo por terminado.

Sabemos de personas que tienen "episodios" de depresión y otros que se han sentido deprimidos durante años. Han estado en relaciones infelices o abusivas, en casa o en el trabajo. Desarrollan una constelación de pensamientos, sentimientos, y comportamientos que se convierten en un desaliento paralizante. Si sintieran cuidadosamente a su sentimiento de lo que llaman "depresión" en lugar de medicarse, se darían cuenta que su sentimiento le está diciendo que haga algo para mejorar su situación.

Cuando Rodrigo escuchó a sus sentimientos, decidió empezar yendo a terapia. En la terapia, descubrió que su jefe de departamento le recordaba a su padre, un hombre violento y abusivo, que entraba en un cuarto, agarraba al niño más cercano y lo empezaba a golpear. Rodrigo no tenía manera de protegerse a sí mismo o a sus hermanos, casi como no tenía forma de defenderse cuando su jefe aleatoriamente lo reprendía y amenazaba. No era de extrañar que se sintiera deprimido. Sin embargo, Rodrigo se dio cuenta que ya no era un niño y que no estaba atrapado. Tenía opciones y estaba listo para actuar.

Cada vez que Manu iba a casa de su hermana de visita, su novio estaba ahí, sentado muy cerca y besándola en el sofá. Manu se sentía incómodo. Le contó de esto a su amiga Judy, ella lo miró y le dijo, *"Suenas celoso"*, Manu respondió de vuelta *"No, no lo estoy"*. *"Espera un momento Manu"* Dijo Judy. *"Estar celoso no es un crimen. Los celos son un sentimiento que te dice lo que quieres. ¿No me dijiste el otro día que deseabas tener a alguien especial en tu vida?*

Manu podría invertir más tiempo conociendo personas, participando en actividades con otras almas afines, poniendo un anuncio en las redes sociales, o pidiendo a sus amigos que le presenten a más mujeres. En lugar de castigarse a sí mismo por sentirse celoso, podría usar esa energía del sentimiento y moverla hacia lo que realmente desea.

Plan de Acción: Siente tus sentimientos… ¡no los pienses!

Aun cuando creas que está bien tener tus sentimientos, podrías estar pensándolos en lugar de sintiéndolos, perdiéndote así de la ayuda que te pueden brindar. Te sugerimos que uses un método muy simple para sentir tus sentimientos: Pon tu mano sobre tu corazón o sobre tu estomago ates de empezar a hablar. Esto te va a ayudar a hablar con palabras que vienen directo de tu corazón o tus entrañas, y no desde tu cabeza. Inténtalo y mira la diferencia. Mientras más puedas hablar desde tus sentimientos, más capaz serás de conectar con los demás. Descubrir esto podría ser un punto de inflexión en tus relaciones. Si el poner tu mano sobre tu corazón o tus entrañas te ayuda a decir tus sentimientos, no lo dudes, ¡hazlo!

El hijo de cuatro años de Rosa y Miguel, estaba en un preescolar cooperativo. Rosa asistía a las sesiones vespertinas que se realizaban cada semana, mientras Miguel se quedaba en casa con su hijo. Una ocasión, unas cuantas madres decidieron ir a un bar local a tomarse unos tragos luego de la reunión. Cuando Rosa llegó a casa y le contó a Miguel lo emocionada que estaba de entablar amistad con las otras madres, no podía entender por qué se veía tan enojado, pero ni Rosa ni Miguel dijeron nada al respecto aquella noche.

Las semanas siguientes, Rosa notó que Miguel se ponía irritable en las noches de las reuniones. Antes de cada reunión le preguntaba incesantemente sobre la hora en que llegaría. También empezó a ponerle difícil salir a tiempo de casa. Rosa le preguntó a Miguel, qué es lo que sucedía, y él le respondió *"nada"*. Pero Rosa sabía que algo andaba mal y decidió intentar lo que había aprendido en su reunión acerca de la comunicación.

Ella puso su mano sobre su corazón y le dijo a Miguel que estaba

triste cuando él actuaba como si no confiara en ella y quisiera que se quede en casa en las tardes de reunión. Movió su mano hasta su estómago y continuó. "Me siento molesta y resentida y me pregunto si tu no quieres que yo tenga amigos". Miguel empezó a decir a Rosa cuánto tenía que hacer en casa, lo difícil que era su hijo, y que él no creía que debía ir a reuniones de noche.

"Está bien, te escucho, pero eso que has dicho es desde tu cabeza" dijo Rosa. *"Ahora, pon tu mano en tu corazón y háblame. Quiero escuchar tus sentimientos."* Miguel pareció sorprendido, pero cuando ella delicadamente sostuvo su mano en su corazón, él dijo, *"Extraño tenerte aquí por la noche. Trabajo duro todo el día y me gusta estar contigo."*

"Bien", respondió Rosa, *"Ahora pon tu mano en tu panza y dime lo que realmente está pasando".* *"¿A qué te refieres?"* Preguntó Miguel. *"Sé honesto conmigo"* Replicó Rosa, *"Todo esto empezó cuando te conté lo de ir al bar."*

"Odio que vayas al bar. Eres hermosa y me asusta que algún tipo vaya a querer conquistarte. Temo perderte." Rosa se dio cuenta que debajo del enojo muy en el fondo, Miguel tenía miedo.

Miguel, como la mayoría de personas, no tenía problema hablando desde su cabeza, viviendo su vida desde el cuello para arriba. Vivir del cuello para abajo significa moverte hacia tus sentimientos. Cuando reconoces y compartes tus sentimientos, empiezas a hablar desde tu corazón y desde tus entrañas. Moverte al nivel de las entrañas te permite decir tus más honestos y profundos sentimientos. Piensa en la expresión "honestidad visceral", cuando puedas llegar a este nivel estarás siendo totalmente genuino.

Rosa sintió compasión por Miguel cuando fue honesto desde sus entrañas. Sintió su vulnerabilidad y se sintió conmovida por su deseo hacia ella. La "honestidad visceral" crea una verdadera intimidad en la relación. Para que puedas expresar tus sentimientos en ese nivel, es de ayuda saber que la otra persona no te hará de menos, te invalidará o se burlará de ti. Al mismo tiempo, invitas al respeto y compasión del otro cuando te abres de esa manera.

Juzgar los sentimientos.

Muchos crecieron pensando que algunos sentimientos eran malos. Los sentimientos no están bien o mal, no son Buenos o malos, positivos o negativos, simplemente te dicen algo que está sucediendo dentro de ti. Está bien tener cualquier sentimiento. No los juzgues y no temas experimentarlos o expresarlos. Una vez que aprendas a prestar atención a los sentimientos y a nombrarlos, descubrirás mucha información valiosa acerca de ti mismo. Tus sentimientos nunca te mienten. Quizá temas identificarlos porque crees que luego tendrás que hacer algo con ellos o acerca de ellos. Pero los sentimientos son diferentes a los comportamientos. Aunque son energía, tienes muchas opciones sobre qué hacer cuando los tienes un sentimiento.

Es común etiquetar a los sentimientos como positivos o negativos. Es hora de rescribir esta falacia. Los sentimientos simplemente son. No te van a matar. Vienen y se van. Son como las luces de alerta en el tablero de tu auto, que te dan información, en este caso los sentimientos te dan información valiosa sobre tus pensamientos y acciones o posibles acciones. Algunos sentimientos pueden ser más incómodos o poco familiares que otros, pero no son tu enemigo. Puedes aprender de ellos.

Uno de los sentimientos con más mala fama es la ira, el enojo. Probablemente sea porque las personas ven el comportamiento y piensan que el comportamiento es el sentimiento. Si alguien está despotricando, gritando y siendo abusivo o acosando, ese es el comportamiento que erróneamente se confunde con el sentimiento de enojo. No lo es. Es un comportamiento irrespetuoso, que puede ser generado por varios sentimientos diferentes.

Algunas personas quieren erradicar el enojo completamente, e insisten que no existe tal sentimiento, dicen que el enojo es solo un disfraz para herir.

Muchas personas no se contactan con sus sentimientos o se asustan de ellos. es uno de esos sentimientos que asustan a las personas y que a veces se la mira como una emoción "negativa". El enojo es una respuesta humana a estar fuera de control, estar bajo demasiado control, sin control alguno, impotente, siendo mandoneado, o no obtener lo que deseas. Muchas relaciones pueden mejorar cuando dejas de hacer a un lado los sentimientos de enojo, sean tuyos o de alguien más. Si deseas entender más sobre tu enojo y lo que te está queriendo decir, intenta realizar la siguiente actividad. Con un mayor entendimiento, puedes trabajar en comportarte de forma más respetuosa para lidiar con tus sentimientos.

Actividad de Concientización: Los diez dedos del enojo

Sostén tus manos en frente tuyo. Imagina que pones algo por lo que estás enojado en cada uno de tus dedos. No necesitas recordar lo que va en cada dedo, salvo lo que pones en los tres últimos. Esta actividad te ayuda a llegar a esos asuntos que están profundamente enterrados, y que salen a la superficie una vez que los asuntos más pequeños se descargan.

Algunas personas pueden pensar rápidamente en diez cosas por las que están enojadas, otras se toman más tiempo. Para aquellos que están fuera de contacto con sus sentimientos, podría tomarles incluso más tiempo, pero vale la pena el esfuerzo. Sólo sé paciente y date aliento, sabiendo que está bien tomarse todo el tiempo necesario.

Aquí está lo que una persona puso en sus diez dedos: Estoy enojado con mi jefe porque no me aprecia; Estoy enojado porque no gano suficiente dinero; Estoy enojado porque mi esposa me pide que le ayude en el instante que entro por la puerta; estoy enojado porque mis hijos están malcriados y esperan que les dé demasiado; estoy enojado con mis padres por no haberme enseñado más habilidades necesarias cuando era niño; estoy enojado porque nunca puedo ir a pescar; estoy enojado porque cuando voy a pescar rara vez pesco algo (esto lo hizo reír); estoy enojado conmigo mismo por no defender lo que deseo; estoy enojado porque parece que mi vida no es lo que esperaba; y finalmente estoy enojado porque no veo una manera de mejorar las cosas.

Después de la actividad, pregúntate lo que has aprendido. Escoge una de las cosas que pusiste en uno de los tres últimos dedos (la octava, novena o décima) y explora cómo manejas ese sentimiento en la vida real.

¿Lo ignoras, lo retienes, explotas, lo ahogas en alcohol o drogas?

Cualesquiera de estas respuestas de comportamiento son irrespetuosas contigo mismo y/o con los demás, y no resolverán el asunto que ocasionó la ira. El "pescador" del ejemplo manejaba su enojo al darse por vencido y culpando a otros por su vida.

Maneja tu enojo de forma respetuosa.

Hay muchas maneras de manejar tu enojo respetuosamente. Una es simplemente reconocerlo, y decirte a ti mismo, *"Estoy enojado, está bien sentirse así"*. O podrías decirle a la persona a quién percibes como la causa de tus miserias. *"Estoy enojado, porque* (llena el espacio) *y desearía que* (llena el espacio)*"* Es una forma sencilla, pero efectiva de liberar el enojo.

Otra solución es buscar alternativas, ya que el enojo a menudo se sostiene en la idea de no tener opciones. Si no puedes ver alternativas, a veces ayuda hacer una lluvia de ideas con alguien más, sobre las posibles opciones que podrías tener. También puedes empezar por pequeños pasos que te ayuden a continuar moviéndote. Aunque parezca difícil de creer, nadie puede mandarte excepto tú mismo, y a la única persona a quién puedes cambiar es a ti.

El "pescador" del ejemplo estaba asombrado de lo enojado que estaba. Nunca se pensó a sí mismo como una persona enojada, solo se pensaba como alguien sin suerte. Decidió que planearía una cosa cada semana que deseaba hacer, y luego la haría. Sorprendentemente, algunas de las cosas que deseaba hacer eran junto a sus hijos y su esposa. Les dijo a sus hijos que quería ir a pescar con ellos, y todos accedieron. Le dijo a su esposa que quería que se tome la tarde libre, y que sería él quien cocine y limpie la cocina. A partir de estos pequeños pasos, empezó a sentirse mejor consigo mismo y con su vida. Se dio cuenta por la primera vez, que tenía más control de lo que pensaba. Al reducir su enojo y reconocerlo, pudo ser capaz de empezar a mejorar su vida.

Aprende de tus enfermedades

Otra forma de seguir el camino de los sentimientos hacia el cambio es aprender de tus enfermedades. Si te sientes enfermo, quizá veas a un médico que busque la causa o diagnostique una enfermedad. Este quizá busque curarte o controlar tu condición usando algunos métodos como la cirugía, radiación, o medicación. Nosotros tenemos otra manera de entender la enfermedad. Te alentamos a descubrir a qué propósito podría estar sirviendo la dolencia, así puedes ver opciones para tener un papel más activo en tu sanación.

La enfermedad puede servir a un propósito. Si tú estás experimentando la enfermedad sientes incomodidad, angustia y dolor. Tú no te enfermas a propósito, la dolencia es real, y a veces es fatal. Pero la enfermedad tiene un propósito, en la que tu cuerpo te "habla". Incluso podrías utilizar expresiones que reflejan esta noción del cuerpo hablando, como: *"Ella pone toda la responsabilidad sobre sus hombros"*; *"Eres un dolor de cabeza"*; *"Se me hace un nudo en la garganta"*.

Uno de los propósitos más obvios de la enfermedad, podría ser ganar reconocimiento por ser esa persona que siempre está enferma. O podrías buscar una atención especial al lograr que otros cuiden de ti. O desearías que se te excuse de ciertas tareas o aspectos de la vida. Por ejemplo, faltar un día al trabajo porque necesitas un descanso podría no ser aceptable, mientras que quedarse en casa porque estás "enfermo" eso sí es permitido.

No es consciente o intencional, pero una vez que entiendas el propósito de una enfermedad, puedes decidir lo que deseas hacer al respecto y si deseas participar en tu sanación al explorar otras formas constructivas de satisfacer tus necesidades.

Nuestro pensamiento en este asunto no es único. Muchas personas han reconocido la conexión cuerpo/mente y lo han usado para ayudar a otros a sanar. (Apreciamos mucho el trabajo de Louise Hay, y consideramos su libro *Heal Your Body* /"Sana tu Cuerpo" invaluable en el trabajo que realizamos.)

Después de graduarse de la secundaria Martín trabajaba en un taller de mecánica. Aunque disfrutaba trabajar con autos, odiaba a su jefe. Odiaba que le den órdenes todo el tiempo, ser criticado, y tener que quedarse hasta tarde solo para escuchar las quejas por tener que pagarle horas extras.

Martín pasó por casa de su madre después de un día difícil y dijo *"No puedo aguantarlo más"*. Su madre le sugirió que hable con su jefe, ya que realmente necesitaba el trabajo, y sería difícil conseguir uno nuevo. A Martín le daba miedo su jefe, pero después de conversar con su madre, decidió que lo intentaría. La mañana siguiente, Martín amaneció con laringitis. Su voz era sólo un chillido, así que decidió quedarse en casa.

A Bonnie se le hacía extremadamente difícil estar afuera, debido a sus alergias, a las hierbas, césped, pasto, y en general cualquier tipo de planta. Incluso con medicación ella estornudaba, jadeaba y le picaba. Un día estaba en clase de Psicología Adleriana, y el tema era los propósitos del comportamiento. Bonnie era consciente de que odiaba trabajar en el jardín, y se preguntaba si habría una conexión entre esto y sus alergias. Decidió hacer un experimento para confirmarlo. Su primer paso fue cambiar mentalmente sus *"no puedo"* por *"no quiero"*. Luego se armó de valor y le dijo a su esposo en voz alta un día, *"no quiero hacer trabajos en el jardín"*, en lugar de *"no puedo por mis alergias"*. Con el tiempo Bonnie se dio cuenta que su necesidad de medicamento era menor y que incluso podía estar al aire libre sin mayor molestia. También descubrió que su marido estaba contento trabajando en el jardín, si ella estaba dispuesta a llevar el auto a la lavandería y hacer las compras de supermercado.

Cambia tus acciones para alentarte a ti mismo.

Existen muchas maneras de trabajar en la parte de la acción del "pensar, sentir, hacer". Ambas autoras de este libro empezaron sus carreras como Educadoras de Padres. El enfoque de la educación de padres se refería sobre todo en lo que los padres *hacían*, que no estaba funcionando, y en lo que podrían *hacer* de forma diferente para mejorar las relaciones entre padres e hijos. Los padres aprendían bastante sobre el aliento y cómo usarlo con sus hijos. Cuando los padres cambiaban lo que *hacían*, ellos (y sus hijos) se *sentían* mejor, y cambiaban sus actitudes (*pensamientos*) sobre ellos mismo y los demás. La lista de lo que puedes hacer para alentarte a ti mismo y a los demás es casi infinita. Nos enfocaremos en algunos puntos destacados.

Limpia tu comunicación

Puedes limpiar tu comunicación al sacar la culpa de tus conversaciones, creando intercambios respetuosos que permitan la existencia de las realidades y lógicas de las demás personas. (La Semana 8 incluye muchas otras maneras de limpiar tu comunicación)

Encontramos que la fórmula *"Me siento porque y desearía/quisiera "* Ser la más efectiva. Este tipo de mensajes desde el YO, son sencillos de usar. Requieren pocas palabras, así los demás estarán más dispuestos a escuchar en lugar de no hacerte mucho caso. Empieza con un enunciado sobre tus sentimientos, lo que genera una conexión inmediata con los demás. Las personas no son muy buenas adivinando cómo te sientes o lo que deseas. Al usar esta fórmula, serás capaz de compartir tus sentimientos fácilmente y de manera respetuosa.

Descubrimos que los "mensajes YO" por primera vez en el trabajo de Thomas Gordon, pero se nos hacía difícil usar su fórmula sin usar la palabra "TÚ". Al usar el "tú" tendía a poner a quien escuchaba inmediatamente a la defensiva. Lott recreó la fórmula para que empiece con *"Me siento "*.

La mayoría de personas dejarán lo que están haciendo y escucharán cuando usas una palabra de sentimientos al inicio. Con las personas que puedan ser demasiado defensivas, podrías iniciar la conversación diciendo algo así: *"No estás en problemas. Solo quiero que sepas como me siento. ¿Está bien para ti? ¿Quisieras escuchar o que tengo que decir?*

Fey tenía una batalla interminable con su compañero de cuarto acerca de sacar la basura. Estuardo dijo que quería estar a cargo del tema de la basura, pero nunca sacaba la basura a menos que Fey le recuerde, grite y amenace con hacerlo ella misma. Decidió intentar el mensaje de *"Me siento...porque..."* y con cuidado escribió lo que quería decir. La siguiente vez que vio el tacho de la basura desbordándose, se acercó a Estuardo y con calma dijo *"Me siento enojada porque la basura se está desbordando, y desearía que esté vacía ahora."* Al inicio Estuardo empezó dando escusas y Fey con calma repitió, *"Tenemos un acuerdo y me gustaría que lo mantengamos"*. Estuardo balbuceó algo ininteligible, agarró la basura, y salió por la puerta.

Aunque esta fórmula puede parecer simple, toma práctica el identificar tus sentimientos y enviar un mensaje respetuoso. Recomendamos evitar la palabra "tú", ya que invita a la resistencia y a ponerse a la defensiva. Es importante recordar que incluso si tu creas un perfecto enunciado de *"Me siento....porque..."* el solo pedir lo que necesitas o deseas no significa que lo vas a obtener en realidad. Solo puedes hacer la parte que te toca. Si la otra persona no está dispuesta a responder o comunicarse de forma respetuosa, entonces tu podrás decidir lo que harás.

Cómo los pensamientos, los sentimientos y los comportamientos, encajan en la vida real.

Sandra tenía problemas con su hermana mayor Helena, por años. Por sugerencia de su terapeuta, Sandra asistió a un taller sobre relaciones. Cuando la facilitadora del taller, Ari, pidió un voluntario que le ayude a demostrar la conexión entre pensamientos, sentimientos y acciones, Sandra, levantó su mano.

Ari pidió a Sandra que piense en una relación que la preocupara y la describa al grupo. Ella empezó a llorar, y Ari le aseguró que estaba bien llorar, y que el grupo podía esperar hasta que ella esté lista para contar su historia. Entre sollozos, contó al grupo sobre la última situación que tuvo con su hermana, quien había decidido, sin involucrar a Sandra, cambiar las tradiciones familiares para Navidad y el Día de Acción de Gracias. *"Me siento como si me hubiese borrado, como habitualmente"* le dijo al grupo. *"Estaba tan alterada cuando me dijo, que ni siquiera pude terminar la conversación y le colgué. He estado llorado casi constantemente desde entonces."*

Ari le aseguró a Sandra y al grupo que el taller era una gran oportunidad para ayudar en esta situación. Cuando Sandra se calmó, le preguntó. *"Qué es lo que deseas? Saber tu objetivo te ayudará a sacar más provecho de lo que vamos a hacer más adelante."* Sandra respondió que lo que realmente quería es ser partícipe de la decisión si es que iban a haber cambios. *"Eso es todo"*

Ari dibujó tres círculos en la pizarra, escribió "PENSAR" en el primero, "SENTIR" en el segundo y en el tercero "HACER", debajo de cada círculo escribió "La meta de Sandra: Ser parte del proceso de toma de decisiones".

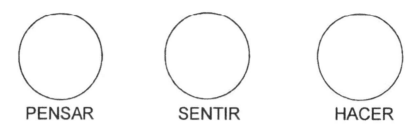

La meta de Sandra: ser parte del proceso de toma de decisiones.

"Veamos cómo los pensamientos sobre el problema impactaron en tus sentimientos y cómo tus sentimientos afectaron cómo te comportaste en la situación" Ari le dijo a Sandra.

Entonces Ari le preguntó a Sandra cómo se sintió el momento que Elena le dijo que había cambiado los planes de las festividades. Sandra respondió *"Quería explotar"*, Ari explicó al grupo y a Sandra que *"Quería explotar"* era un pensamiento, no un sentimiento, y pidió a Sandra que intente nuevamente. *"En una palabra, cómo te sentiste cuando querías explotar"* le dijo. Sandra pensó un momento y replicó *"Furiosa"*, Ari escribió esto dentro del círculo del centro.

La meta de Sandra: ser parte del proceso de toma de decisiones.

A continuación, Ari pidió a Sandra que describa lo que hizo cuando se sintió furiosa. Sandra dijo "Empecé a llorar" y esto es lo que escribió Ari, en el último círculo.

La meta de Sandra: ser parte del proceso de toma de decisiones.

"Así que te sentiste furiosa y lloraste. Cuando esto sucedió ¿qué es lo que estabas pensando? ¿Qué pensamientos estaban en tu cabeza?" Preguntó Ari. Sandra parecía confusa y dijo "No lo sé", Ari dijo que muchas personas responden así en un inicio, porque no están conscientes de estar pensando algo. Su pensamiento no está sucediendo en un nivel consciente. Le

pidió que regrese a la situación con su hermana, que se concentre en qué pensamientos rondaban su mente y le pidió que se los diga. Sandra pausó por un momento y dijo *"No puedo creer que me esté haciendo esto. Yo no cuento"* Ari escribió esto en el primer círculo.

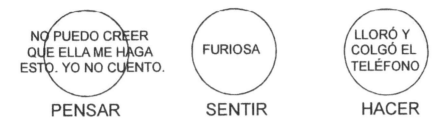

La meta de Sandra: ser parte del proceso de toma de decisiones.

"Fíjense en el patrón de Sandra" Dijo Ari. *"Ella piensa que no es importante, se siente furiosa y llora. ¿Cómo le está funcionando esto?"* Tanto Sandra como los miembros del grupo se rieron. *"Ciertamente no me ayuda a llegar a mi meta"* Dijo Sandra.

Para ilustrar cómo Sandra podría crear un patrón diferente y más satisfactorio, Ari dibujó tres círculos más, debajo de los originales, con los mismos nombres de los anteriores, y dijo *"Ya que tú misma creaste tu primer patrón, puedes crear uno nuevo. Uno que te acerque a tu meta"*.

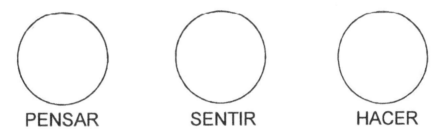

La meta de Sandra: ser parte del proceso de toma de decisiones.

Luego preguntó a Sandra, qué sentimiento le gustaría sentir en lugar de furiosa. Sandra pensó un momento, sacudió su cabeza diciendo *"No lo sé"*. Ari le mostró el cuadro de sentimientos de la Semana 1 y explicó. *"Cuando no estás acostumbrado a usar las palabras de sentimientos, a menudo es difícil encontrar uno. El cuadro te ayudará"*. Sandra se fijó un rato en el cuadro y señaló *"calmada"*. Ari lo escribió en el círculo del medio.

La meta de Sandra: ser parte del proceso de toma de decisiones.

A continuación, le preguntó lo que estaría haciendo si se sintiera calmada. Sandra replicó *"Estaría hablando despacio, con un tono de voz regular, diciendo lo que quiero"*. Ari escribió esto en el círculo que decía HACER.

La meta de Sandra: ser parte del proceso de toma de decisiones.

Ari continuó, *"Ahora imagínate sintiéndote calmada, hablando en un tono normal. ¿Qué estarías pensando?"* Una vez más, Sandra se quedó callada y luego dijo, *"Puedo tratar con ella. Puedo decir lo que deseo"*. Ari escribió esto en el primer círculo.

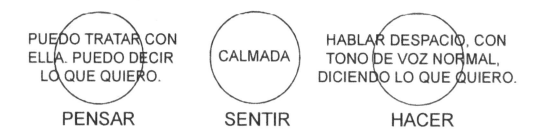

La meta de Sandra: ser parte del proceso de toma de decisiones.

"Ahora has creado un nuevo patrón Sandra. ¿Te ayudará esto a lograr tu meta?". Le dijo Ari. Sandra sólo asintió.

Al igual que Sandra, tú puedes crear un nuevo patrón para ti mismo, al cambiar lo que crees, lo que sientes y lo que haces. (El Plan de Acción desarrollado más arriba, "Usa los círculos de SENTIR, PENSAR, ACTUAR, para Alentarte" te lleva por este proceso para ayudarte a hacer cambios en alguna de tus relaciones). Tú decides cómo te gustaría sentirte, lo que te gustaría hacer diferente, lo que preferirías estar diciéndote.

Siempre y cuando hagas un cambio en uno de los círculos, los otros círculos también podrán cambiar. Para algunos de ustedes, será más fácil cambiar los pensamientos. Otros necesitarán empezar por los sentimientos. Otros hacen cambios más fácilmente aprendiendo qué hacer de forma diferente. Aprenderás una forma nueva de alentarte a ti mismo, por donde sea que decidas empezar.

Plan de Acción: Cambia tus pensamientos, sentimientos y acciones con estos sencillos pasos.

Leer y estudiar puede haberte ayudado a empezar, pero practicar es lo que te hará moverte desde el desaliento al aliento. De la lista siguiente, escoge una o dos de las sugerencias para cambiar tu pensamiento, sentimientos o acciones que puedas intentar cada día.

Sugerencias para los *pensamientos***:**

- No te dejes atrapar por los pensamientos mágicos; confía en que los otros sean quienes ellos son no quienes tú quieres que sean. Recuerda que una serpiente venenosa sigue siendo una serpiente venenosa, aún si está enrollada y dormida.

- Pregunta lo que los otros están pensando, en lugar de asumir.

- Permite las diferencias de estilo y las realidades separadas. Es muy raro que podamos ver cualquier cosa de la misma manera que otros.

Sugerencias para *sentimientos***:**

- Presta atención a tus sentimientos. Haz una lista, escribiendo un sentimiento que tengas cada día. Usa el cuadro de sentimientos para ayudarte a identificarlos y nombrarlos.

- Comparte un sentimiento en voz alta con alguien cada día.

- Utiliza el mensaje con la fórmula de *Me siento…porque….* para compartir tus pensamientos y sentimientos, e invitar a una escucha más genuina y menos defensiva de los demás.

- Para evitar hacer escenas inseguras o irrespetuosas, reconoce las manifestaciones de enojo en tu cuerpo, y enséñate a calmarte a ti mismo, antes de confrontar a otras personas.

- Si estás asustado o descolocado por la manera en que alguien más muestra su enojo, déjale saber que estás dispuesto a escuchar sobre sus sentimientos, pero que tú no vas a permitir ser abusado. Dile que si eso sucede, te vas a retirar hasta que esté más calmado. Luego hazlo.

- Mientras hablas con un amigo, pon tu mano en tu cabeza, tu corazón y tu estómago, y espera a ver qué pasa.

- Escribe una carta de ira a alguien con quien estás enojado o sintiendo rabia y habla sobre tus sentimientos. No necesitas enviarla, puedes romperla o guardarla en tu cajón. Sin embargo, si deseas enviarla, Vuelve a leerla uno o dos días antes de mandarla al correo.

- Date permiso de escuchar tus sentimientos y confía en que te pueden guiar.

- Ve al gimnasio y haz y arduo trabajo, o ve a caminar o trotar y deja que tus sentimientos te guíen.

Sugerencias para *acciones***:**

- Si está en tu cabeza, ponlo en tus labios.

- Asegúrate de que la lengua de tu boca coincida con la lengua de tu zapato. ¡Si lo dices, hazlo!

- Recuerda que puedes querer todo lo que quieras, y que puedes pedirlo, pero eso no significa que lo vayas a obtener.

- Decide lo que harás para satisfacer tus necesidades. Recuerda que solo porque tu hagas algo no significa que todos responderán como tú esperas.

Sé abierto a las posibilidades.

El aliento se refiere a tener el deseo de crecer y cambiar, se refiere a estar abierto a las posibilidades. Mientras construyes más conciencia sobre lo que sucede a tu alrededor y sobre la parte que juegas en todo ello; si logras simplemente aceptar que lo que es, *es*, te sorprenderá cuántas opciones se te presentan. Las opciones incluyen el cambio de tus pensamientos, de tus sentimientos, y/o el cambio de acciones.

Están todas interconectados, por lo que si cambias uno, todo el resto cambiará también. Aunque el pensamiento popular actual puede hacerte creer lo contrario, todo esto es posible sin ninguna medicina.

La siguiente es lista de sugerencias surgió de las reflexiones de Lynn Lott sobre lo que aprendió en un viaje por carretera que tuvo. Quizá has tenido alguna aventura recientemente en tu vida. Tal vez has mantenido algún deseo desde tu infancia que ha llegado la hora de que explores. Piensa en qué tipo de lista harías para alentarte a ti y a los demás.

A menudo el aprendizaje llega al mirar atrás antes que al tener un plan que mira hacia adelante.

- Sigue tus sueños.

- Rodéate de personas que sabes que te apoyan.

- Incluso los planes mejor realizados pueden caerse, así que ponte listo para cambiar los errores en aventuras.

- Conecta con tu familia.

- Haz tiempo para los amigos.

- Prepárate para las sorpresas, ya que las cosas no siempre suceden como esperas.

- Crea rutinas que funcionen para ti.

- Da la bienvenida a lo inesperado.

- Visita a algún familiar.

- Lo malo es malo, así que no intentes cubrirlo con "azúcar

- La vida es un círculo, y los finales rara vez son el fin.

Semana 8—
El cuidado y alimentación de las relaciones saludables

¿Estás esperando que alguien más se ponga en forma, se comporte, o busque alguna ayuda para que tu vida sea mejor? ¿Quizá, crees que todos los problemas que tienes con los demás son culpa tuya? O acaso,

¿Crees que simplemente tienes mala suerte? Tu salud mental, emocional y física, depende de la calidad de tus relaciones, con tu esposa o pareja, con tu familia, tus amigos, compañeros de trabajo, y por supuesto, contigo mismo.

Convertirte en un Consultor de Encouragement involucra el pensar acerca de las relaciones que tienes con los demás de una manera totalmente distinta. El verdadero cambio empieza contigo mismo. En lugar de culparte a ti mismo, o sentirte una víctima de las circunstancias, aprenderás a reemplazar las relaciones poco saludables por relaciones respetuosas, cooperativas y horizontales, fundamentadas en el aliento.

¿Qué es una relación interpersonal?

Encontramos que la mayoría de personas no tienen una idea clara de lo que es una relación interpersonal. Queremos que conozcas al Barco de la Relación[1] en los diagramas a continuación. Nos damos cuenta que ayuda el visualizar una situación complicada o difícil, con la forma de un barco con todas las personas que son parte del problema a bordo y relacionándose. Les mostramos algunas de las distintas formas en que podría verse una relación (en el barco).

Fíjate que en este barco una persona está remando hacia adelante mientras la otra rema hacia atrás, el barco por tanto no va a ningún lado. Mariana, dibujó esta relación con Patricio, ilustrando su visión de sus abordajes opuestos en cuanto a la crianza de los hijos. Su objetivo era criar niños obedientes que respeten a los mayores, preguntando "¿Qué tan alto señora?" Cuando ella les pedía que salten. El enfoque de Patricio, por

---

1   En inglés se llama a la relación interpersonal *relationship,* lo que permite el juego de palabras Relation-ship, que podemos traducir como barco de la relación en español, pero se pierde el juego de palabras.

otro lado, podría resumirse como "Autoridad cuestionada". Ella se daba cuenta que el problema era que a menudo se contradecían en las decisiones disciplinarias acerca del comportamiento esperado y permitido de sus hijos.

Tobías recientemente abrió un restaurante con un compañero. En su dibujo del barco de la relación, se dibujó a sí mismo remando solo, mientras su compañero tomaba una siesta. De inmediato se dio cuenta por qué se sentía tan resentido, y pudo ver que se sentía agobiado y sin apoyo, poniendo todo el peso de la responsabilidad del destino del negocio en sus propios hombros.

Susana se sentía sola y dejada atrás desde que su amiga del alma Annie se casó y se embarazó. De lo único que hablaba Annie era del seguro médico, de la hipoteca, y de establecer una nueva familia con su esposo. Su tiempo juntas era cada vez más limitado, y Susana temía que, si seguía soltera y en su mismo trabajo de ortodontista que llevaba desde hace 10 años, tenía poco que contribuir a la emoción que sentía su amiga cada vez que estaban juntas. Susana se dibujó sosteniendo una delgada cuerda que colgaba de la parte trasera del barco que Annie remaba.

Gerardo cree que está siguiendo los valores que su padre le enseñó: trabajar duro, ahorrar dinero, mantenerse física y socialmente activo. Pero, se siente infeliz, aburrido e insatisfecho. Cuando visita a sus padres, le toman una "prueba" acerca de los detalles de su vida y luego su padre procede a ofrecer todo tipo de directrices que intentan mejorar su situación. El cree que Gerardo debería aceptar más la vida tal cual es, en lugar de esperar que todo sea perfecto. El barco de Gerardo muestra a su padre en el filo con un megáfono y su mano criticando cada golpe de remo que Gerardo da furiosamente.

Actividad de Concientización: ¿Qué tan saludable es tu relación?

Considera una de las relaciones interpersonales que deseas mejorar o entender mejor. Ahora piensa cómo se vería ese "barco de la relación". Tómate unos minutos para dibujar tu barco antes de continuar con el capítulo, así tendrás una imagen a la cual referirte mientras identificas las formas de mejorarla. Recuerda, esto no es un proyecto de arte, así que figuras geométricas y figuras de palitos están bien.

Ponle un título a tu dibujo del barco de tu relación y haz burbujas de conversación sobre cada persona de tu barco. Escribe dentro lo que cada persona podría estar diciendo.

Finalmente, encuentra a alguien con quien conversar acerca de tu dibujo, y luego de explicarle cómo ves el problema, pídele su punto de vista. Siempre es útil tener otro par de ojos mirando a tu lógica privada.

¿Qué aprendiste al dibujar tu barco de la relación? Y ¿De hablar con un amigo?

Keisha dibujó un barco donde ella está remando, sudando y cantando, mientras que su hermana menor esta arrimada en la proa usando un bikini y sosteniendo una bebida, tomando el sol. El título del su barco de la relación es "Ningún comedido sale con la bendición de Dios". En los globos de la conversación, sobre ella misma escribió *"El trabajo es duro, pero puedo hacerlo divertido si canto.* En el globo de su hermana escribió *"¿Siempre tienes que ser tan alegre?, Por qué ya nunca pasas tiempo conmigo?"*

Cuando Keisha miró su barco de la relación, se dio cuenta que su hermana tenía una interpretación muy diferente de la misma situación. Al principio se sintió herida, enojada, incomprendida, y molestada por su hermana menor. Mostró su dibujo a una amiga que le preguntó "*¿Qué crees que tu hermana quiere de ti?* Keisha respondió "*Supongo que quiere que me sienta tan mal como ella se siente*" Su amiga se rió y dijo "*Quizá solo busca tu completa atención, quizá hacer cosas juntas se ve diferente para ella*

Keisha no estaba segura de lo que su amiga quería decir, y le pidió ser más específica. Su amiga le dijo "*Tal vez tu hermana quiere sentarse junto a ti en el barco con uno de los remos y remar juntas. O quizá quisiera que te des un descanso, dejes de trabajar tan duro, y vayas por un trago con ella y divertirse.*

¿Es eso posible?"

Keisha pensó en la sugerencia de su amiga y llamó a su hermana diciendo, "*He estado trabajando mucho últimamente y necesito un descanso.*

¿Por qué no nos encontramos para el almuerzo o la cena y pasamos un rato juntas? ¿Te animas? Para su sorpresa su hermana le dijo "*Me encantaría*" sin una pizca de sarcasmo.

Cualidades de una relación saludable

Mientras ves los diagramas anteriores o el que tú mismo dibujaste, imagina que estás diciendo a un amigo lo que debe buscar en una buena relación. Podría ser una relación en el trabajo, con un amigo, o una relación con tu pareja íntima. ¿Le pedirías a tu amigo que busque una relación como las de los dibujos? ¿Le pedirías a tu amigo que busque por alguien que te critica, te deja, que es dictatorial, que socava, es vil, deshonesto, o burlón? ¡Por supuesto que No!

Quizá estás aguantando tanto porque no consideras que tu relación puede ser diferente, porque no sabes cómo cambiarla, o porque no crees que puedes encontrar una relación mejor. Quizá te sientes desalentado e impotente para hacer la diferencia.

Actividad de concientización: Califica las cualidades de tu relación.

Si eres como muchas personas, puede ser que no reconozcas si una relación es o no es saludable. Esta es una lista para ayudarte a reconocer cómo se vería una relación saludable. Piensa en una relación importante para ti, mientras lees la lista. Pon un número frente a cada cualidad en la lista demostrando qué tan cierto es para tu propia relación. Si es siempre 3, si es casi siempre 2, si es a veces 1 y si es nunca 0.

En una relación saludable, ambos…

- Respetan a la otra persona y a sí mismos.
- Se sienten seguros y confían en la otra persona
- Pueden ser uno mismo y ser apreciados por ser quien es.
- Se divierten juntos.
- Tienen tiempo para sí mismos.
- Practican la cooperación en lugar de la competición.
- Se anticipan a saber que ambos continuarán creciendo en varios aspectos.
- Comparten intereses comunes.
- Alientan el tener amistades y relaciones fuera de su relación primaria.
- Practican el dar y el recibir
- Utilizan métodos de resolución de conflictos de ganar-ganar.
- Se comunican de forma honesta.
- Comparten y escuchan los sentimientos del otro, sin ponerse a la defensiva o sin pensar que debas hacer algo para arreglarlo.
- Valoran sus diferencias.
- Son más bien curiosos en lugar de hacer juicios.
- Son aprendices.
- Piden lo que necesitan y desean, antes que esperar que el otro lea su mente.
- No toleran ni practican ningún tipo de abuso.

Si tu puntuación total está entre 41 y 54, tienes una relación saludable. Un rango entre 25 y 40 es bastante saludable. Un rango entre 13 y 25 significa que es poco saludable. Si tu puntuación está entre 0 y 12, estás dentro de una relación malsana. Además de poder lograr la salud en tus relaciones actuales, esta lista puede guiarte hacia dónde quieres ir y en lo que deseas trabajar.

Si tu puntaje te conflictúa, no pierdas la esperanza. Si realmente quieres mejorar, sigue leyendo para encontrar pequeños pasos que puedas dar para crear y mantener unas relaciones saludables. Luego ten fe en que los pequeños pasos que des pueden tener grandes efectos concatenados.

Aquí está otra manera de pensar acerca de las relaciones en cuanto a si son o no saludables. Fíjate en los dos círculos a continuación.

Mientras más uses y practiques las ideas en este capítulo, más capaz podrás ser de moverte del círculo de la izquierda, hacia el círculo de la derecha, que representa el círculo saludable. Una relación malsana, es aquella en la que te sientes terrible la mayoría del tiempo, a pesar de que ocasionalmente sigues algunas de las prácticas saludables en la lista. Una relación saludable es justamente lo contrario, y cuando operas desde esa pequeña sección del pastel donde las cosas no se sienten bien, ambos trabajan para que su relación se vuelva a encarrilar. A veces las personas piensan que tienen una buena relación cuando las cosas van bien durante una pequeña parte del tiempo. Se engañan a sí mismos al creer que deben conformarse por esa pequeña rebanada de lo bueno.

Cuatro caminos que nos llevan a relaciones más Saludables.

Imagínate a ti misma en una vía con una señal que muestra cuatro direcciones. Los cuatro caminos te llevan hacia una relación más saludable y a mejorar tu calidad de vida. Al caminar por cualquiera de las vías te ayudará a comprender por qué algunas relaciones son tan incómodas y tan poco satisfactorias.

Podrías escoger uno de los caminos, o caminar cada uno de ellos en distintos momentos, dependiendo de tu curiosidad, tu estilo, o la relación que esperas mejorar. Como cada una de estas cualidades son tan importantes, el resto del capítulo te muestra cómo integrarlas en tus relaciones.

1. Elimina el sentido vertical de las relaciones.

Quizá nunca lo habías pensado de esta manera, pero las relaciones pueden ser verticales u horizontales. En una relación horizontal, las personas se tratan como iguales, sin importar sus diferencias. Imagínate un billete de un dólar y cuatro monedas de veinticinco centavos. Aunque tienen el mismo valor, el billete puede ser más fácil de cargar en la billetera, mientras que las monedas son más útiles cuando debes dar el cambio u operar una máquina de monedas. Las relaciones horizontales funcionan algo parecido. Las personas en una relación horizontal tienen el mismo valor, aunque pueden tener trabajos, funciones, roles, habilidades, experiencias e intereses diferentes en la vida.

Por contraste en una relación vertical, las personas, no se tratan como si tuviesen igual importancia. De maneras sutiles (y a veces no tan sutiles) intercambian mensajes que implican que una persona es superior mientras otra es inferior. El cuadro de abajo, llamado "Relaciones Verticales vs. Horizontales" te da más ejemplos de cómo esto funciona.

Relaciones Verticales vs. Horizontales	
Para tener relaciones HORIZONTALES:	Para tener relaciones VERTICALES:
Trata a otros como iguales.	Trata a otros como inferiores o superiores.
Alienta a otros y promueve la autoconfianza.	Desalienta a otros y promueve sentimientos de insuficiencia.
Estimula sentimientos positivos.	Estimula sentimientos negativos.
Solicita revelación, discusión, alternativas, contribución y apertura.	Insistir en que tu manera es la manera correcta.
Ámate a ti mismo y trata bien a los demás.	Menospreciarte, hacerte de menos y criticar, corregir, castigar y amenazar a los demás.
Promueve la igualdad.	Mírate a ti mismo como "solo un…" (solo un aprendiz, solo una víctima, solo una mujer, etc.)
Practica el dar y el recibir.	Espera que los demás cuiden de ti y piensa en ti mismo como que tienes derecho.
Trabaja en encontrar soluciones ganar/ganar.	Manda, ordena, obedece o busca culpables.
Sé amable y firme.	Sé permisivo o autocrático.
Enfatiza la cooperación.	Enfatiza la competencia y el poder sobre otros.
Confía en el poder del amor.	Ten un amor por el poder.
Valora las diferencias.	Insiste en las formas "correctas" o "incorrectas" de hacer las cosas.
Practica el respeto mutuo.	Practica la superioridad moral.
Haz espacio para que todos puedan aprender.	Confiere el estatus de "experto" en unos pocos.
Piensa en términos de "lo nuestro".	Piensa en términos de "lo mío", "lo tuyo" "lo de ellos".
Ten una actitud de curiosidad.	Ten una actitud de "sabelotodo"
Asume la responsabilidad de tu propio comportamiento y espera que el resto también lo haga.	Culpa, juzga, critica y busca el error.
Cambia tú.	Intenta cambiar y/o controlar a los demás.
Practica la honestidad emocional.	Usa manifestaciones emocionales para intimidar y manipular a otros.

Un enfermero llamado Carson encontró mucha ayuda al aprender a pensar en las relaciones como verticales u horizontales. Después de diez años en un consultorio de medicina familiar, él conocía bien a varios de los pacientes. Parte del trabajo de Carson era inyectar tanto a adultos como a niños; inyecciones contra el tétanos a trabajadores heridos, y vacunas a viajeros. Con los años había aprendido que incluso el paciente más sofisticado podía comportarse como un bebé cuando se trataba de las agujas. Carson era experto en inyectar sin dolor y sabía tranquilizar al paciente más asustado. Con sincero interés, preguntaba a los pacientes sobre su vida, y mientras conversaban sobre ellos, él los "pinchaba". Él agradaba a sus pacientes y apreciaban su habilidad. Carson se fijó en el cuadro y vio que sus relaciones en el trabajo estaban en el lado horizontal de la lista.

Un día, Carson, por error inyectó a un hombre la medicina equivocada. El paciente muy irritado, lo atacó verbalmente, y se quejó a gritos con la recepcionista. Aunque Carson se disculpó profusamente y le explicó que la droga no le causaría daño alguno, el paciente, un contador de impuestos muy ocupado, estaba furioso de tener que regresar al siguiente día, para un chequeo por el error con la inyección.

Carson estaba profundamente movido. Aunque el resto del personal en el consultorio le aseguraban que no había enfermera viva que no haya confundido una droga o dado la dosis equivocada, Carson se encontró temiendo por su trabajo. Ahora que Carson revisaba el cuadro de Relaciones Verticales vs Horizontales, pudo ver que se había puesto en el lado de relaciones verticales. En lugar de recordar que él promovía la igualdad, se estaba juzgando a sí mismo como "solo un enfermero", con un estatus inferior del contador de impuestos que era un "experto". Aunque Carson consideraba que el contador se estaba comportando como un cretino irracional, igual se menospreció a sí mismo por su error y se culpó por no haber podido controlar la reacción del paciente. Parecía no poder salir del agujero en el cual él mismo se había metido.

Al analizar el cuadro, Carson decidió que la forma de sentirse bien consigo mismo sería crear más comportamientos del lado horizontal, mientras minimizaba aquellos del lado vertical. Tuvo una gran revelación cuando le preguntó a la recepcionista cuáles eran sus trucos para lidiar con personas desagradables en el teléfono sin perderlos como pacientes. La próxima vez que uno de sus pacientes se quejaba, él dijo con una sonrisa, *"Probablemente no me crea si le digo que esto es más incómodo para mí que lo que puede ser para usted"*.

Actividad de concientización: ¿Es tu relación Vertical u Horizontal?

Esta es una manera muy sencilla de descubrir si tu relación es vertical u horizontal. Pregúntate a ti mismo: ¿Quién es la primera persona a quién llamarías con una muy buena o muy mala noticia? Tu relación con esa persona es horizontal.

Piensa en alguien que realmente te desagrada, o alguien con quien tienes alguna dificultad. ¿Qué cualidades tiene esa persona que te invitan a sentirte molesto, irritado, enojado, o sin esperanza? Lo más probable es que te encuentres en una relación vertical con esa persona.

Finalmente, pregúntate ¿cómo quieres que los demás se sientan cuando están cerca tuyo? Para lograr que eso suceda, ¿cuáles ideas del cuadro anterior estás dispuesto a intentar?

¿Cuál quieres hacer con menor frecuencia? Tómate un momento y escribe lo que has aprendido.

2. Reemplaza la Competencia por la Cooperación

Muchas personas crecieron en familias en que la relación vertical de sus padres y los valores familiares crearon una atmósfera de competición, por lo que nunca aprendieron cómo se ve una relación cooperativa y horizontal. Cuando trabajas en minimizar la competencia y en maximizar la cooperación, serás capaz de disfrutar más de tus relaciones interpersonales.

Quizá no has pensado en la competencia como algo que involucre esta comparación vertical de ti mismo y los demás, notando quién es mejor, quién es peor, quién tiene la razón y quién no, quién está bien, quién está mal, y así sucesivamente. Pero cuando te comparas a ti mismo con alguien más, usualmente terminas sintiéndote como un "ganador" o como un "perdedor" basándote en juicios absolutos que desarrollaste cuando eras un niño pequeño. Esto no es lo mismo que notar que eres diferente a los demás. No es lo mismo que darse cuenta que los demás pueden tener mucho que ofrecer que puede ayudarte a aprender a hacer las cosas de manera diferente. En su lugar, nos referimos a esas comparaciones que te hacen pensar que no eres lo suficientemente bueno, tal como eres.

¿Por qué no puedes ser un niño bueno como tu hermanita?

Cuando eras joven, la competencia pudo haber jugado una gran parte en cómo fuiste criado. Tus padres pudieron haber dicho cosas como, *"No actúes como tu hermano"* o *"¿Por qué no puedes ser una niña buena como tu hermanita?"*

Quizá creciste en un lugar donde se te consideraba mejor que otros si tenías la religión, el color, o el estatus económico "correcto". Quizá te compararon o te comparaste tú mismo con otros niños de forma vertical, en términos de tus talentos, habilidades, esfuerzos y logros. Esto es muy común en la escuela, donde las calificaciones te muestran cómo medirte frente a los demás. ¿Recuerdas los cuadros de estrellas de buen comportamiento, o de los libros leídos, o las marcas negras o caritas tristes junto a tu nombre si te portabas mal? Esto te mostraba de una sola mirada cómo estabas en comparación con los demás. Todas estas son formas de competencia.

Estar en una escalera vertical con otros es algo precario, o estás sobre unos o debajo de otros. Incluso estar "un escalón arriba" de otros puede ser desalentador. Cuando estás arriba, debes trabajar muy duro para mantener tu posición, asegurándote que nadie te alcance, te sobrepase, o te tire abajo. Para estar "arriba" dependes de que alguien esté "abajo". No te puedes sentir alentado cuando has decidido que eres mejor o peor que otros, que tu estatus y valor dependen de si unos están por encima o debajo de ti.

Compararte con los demás es algo que hiciste cuando niño para encontrar quién eras. Ahora que has crecido, tienes la habilidad de ver que si un miembro de tu familia, un colega, tu esposo, o amigo, es realmente bueno en algo, no significa que no puedas esforzarte para desarrollar o crecer en la misma habilidad a tu propia manera. También puedes ver que no tienes que ser igual de bueno (o mejor) que otros en algo, para que tu contribución cuente.

Trabajar para crear más cooperación y menos competición en tus relaciones no solo que te ayudará a sentirte mejor, a dar lo mejor y a que te vaya mejor, pero los otros en tu relación también se sentirán mejor. Si tienes hijos, también saldrán beneficiados. Puedes pasar de los efectos negativos de la competición, aprender a valorar las diferencias y la diversidad, y trabajar con otros hacia metas comunes, en lugar de marcar los puntos de quién es mejor que quién.

Actividad de Concientización: ¿Eres competitivo?

Examina tu atmósfera familiar y los valores familiares del trabajo que hiciste en la Semana 2 por señales de competición. Ahora piensa en tus relaciones actuales. ¿Dónde y cómo te ves a ti mismo compitiendo (comparándote)? ¿Está esta competencia ayudándote o te está estorbando? ¿Qué puedes hacer para cambiar esta situación?

Descubre tu equipaje personal.

Otra manera en la que puedes reemplazar la competición con la cooperación es descubrir cómo piensas de manera diferente a los demás al examinar tu equipaje. Imagínate a ti mismo empacando una maleta llena de ideas y conclusiones que formaste cuando eras joven. Tu las llevas contigo a través de toda tu vida. Incluso cuando tienes un cuerpo adulto en un mundo de adultos, continúas sacando ideas que formaste en a infancia, desde este equipaje metafórica. (Información basada en el material del taller de Maxime Ijams y presentada en el libro *Conocerme es Amarme* de Lott, Kentz, y West.)

Puedes tener un equipaje acerca de cualquier asunto: dinero, educación, sexo, los hombres, las mujeres, el trabajo, los hijos, las vacaciones, la religión, la enfermedad, el matrimonio, el amor, la política, etc. En las relaciones, encontrarás que puedes experimentar menos estrés relacionado a estos asuntos cuando tu equipaje es similar al de la otra persona con quién estás interactuando. Cuando tu equipaje es diferente, experimentarás conflicto, y es posible que ninguno de los dos entienda por qué. Podrías pensar que la otra persona está siendo terca o tiene ganas de molestar, hasta que puedas aceptar que sus realidades, sus lógicas son diferentes.

Si deseas estar consciente del equipaje que cargas contigo, haz una lista de todos los temas enlistados más arriba que te conciernan. Siéntete libre de añadir otros que te parezcan importantes. Fíjate en el asunto y escribe lo primero que viene a tu mente. Si no sabes qué escribir, piensa en los mensajes respecto al tema que recibiste cuando eras niño. A veces puede ayudar imaginar un cartel colgado en la casa de tu infancia con un enunciado sobre el asunto en cuestión.

Aquí hay una ilustración de lo que Beatriz y Bartolomeo encontraron en sus equipajes respectivos.

Cuando compararon sus listas, fue obvio para Beatriz y Bartolomeo, por primera vez, el por qué habían peleado tanto por establecer quién estaba en lo correcto. A veces se preguntaban qué es lo que les había atraído del otro en primer lugar. Si estás lidiando con un problema en tu relación, compara tu equipaje con el de la otra persona (si ella desea). Identifica algunos orígenes de armonía o discordia en su relación. Ojalá tengan más áreas de compatibilidad de las que tenían Beatriz y Bartolomeo. Si evitas tener pensamientos de "a menos que…" tú y la otra persona podrán idear algunas soluciones; o al menos, serán capaces de entender y aceptar sus diferencias.

Una actitud de curiosidad también pude ayudarte a dejar ir la competencia por tener la razón. Con curiosidad, alguien cercano y querido podría preguntar "*¿Cuál es tu idea de unas lindas vacaciones?*" o "*¿Qué necesitas cuando no te sientes muy bien?* Imagina la diferencia de resultado cuando tú y los demás cooperan para aprender sobre sus respectivos pensamientos escondidos, en lugar de luchar por ser quien tiene la "razón".

Actividad de Concientización: Ten cuidado con las Realidades Separadas.

Otra manera de hablar de tu equipaje es pensar en términos de realidades separadas. Tus pensamientos son tu realidad. Otros podrían pensar de manera diferente, así que tendrían una realidad diferente. Para entender mejor las realidades separadas, imagínate pintado en la ilustración de más abajo, con las cuatro personas paradas frente a la tarabita en la colina para esquiar. ¿Qué estarías pensando?

Nota que cada persona tiene pensamientos que son únicos y separados de los demás. Mientras más parecidos son tus pensamientos a los de otra persona, menos problemas y conflictos tendrás con él o ella. Si no conocías acerca de las realidades separadas, podrías asumir que los pensamientos de las demás personas coinciden con los tuyos, y no se te ocurriría preguntar lo que los demás piensan. Si te encuentras en un conflicto con alguien, mostrarte curioso en lugar de luchar por tener la razón podría ayudarte a descubrir sus realidades separadas.

3. Cultiva la Interdependencia

Muchas personas, incluso en su adultez, no logran su independencia. Continúan siendo dependientes, creyendo que los demás deben apoyarlos y cuidarlos, y que los demás son responsables de sus sentimientos y su bienestar. Incluso podrían temer la independencia y pensarla como que significa abandonar a otros o ser abandonado. Sin lograr la independencia, no podrán lograr la *interdependencia*, como un aspecto esencial de las relaciones saludables.

Cuando las personas nos buscan para terapia, parte de nuestro trabajo consiste en ayudarles a crecer, porque casi que todo problema involucra una dificultad en su proceso de maduración. Ayudamos a las personas a madurar dándoles un mapa. Nuestro mapa muestra un camino que te lleva lejos de la dependencia total de los otros que te rodearon al nacer. En su lugar, te llevará hacia la auto-suficiencia y la independencia de los pensamientos y las acciones, donde eres capaz de satisfacer tus propias necesidades emocionales y físicas, y de saber quién tú eres. Desde la independencia, puedes progresar hacia la *interdependencia* con otros, en donde cooperas, compartes tareas, y se apoyan mutuamente. Cuando sigues tu mapa, no permites que otras personas dirijan tu vida. Puedes aprender a decidir por ti mismo lo que piensas, sientes y lo que harás; puedes hacer que tu vida funcione como deseas.

Para usar un mapa, ayuda saber ¡dónde te encuentras! Aquí una actividad que te dará una visión más clara.

Actividad de Concientización: ¿Cuánto puntúas en la Lista de Dependencia?

Mientras revisas las siguientes preguntas, piensa en una relación que te gustaría cambiar o mejorar. Usando al "5" para indicar SIEMPRE y el "0 "para indicar NUNCA y los números intermedios para indicar grados de A VECES, responde a las siguientes preguntas.

A. ¿Te abstienes de dar o recibir órdenes de los demás?

B. ¿Permites cierta separación de tu persona significativa?

C. ¿Tiempo por separado, intereses separados, amigos separados?

D. ¿Consideras que la felicidad de los demás está en sus propias manos?

E. ¿Dices lo que piensas aun cuando pueda molestar a alguien más?

F. ¿Dices que NO a las personas cuando así lo deseas?

G. ¿Acudes al alcohol o a las drogas (incluyendo las de receta) para sentirte mejor?

Si ya estás por tu cuenta, o de repente te encontrarías valiéndote por tu cuenta, en qué medida puedes o podrías, manejar lo siguiente:

H. Mantener los compromisos, promesas y citas.

I. Mantener tu lugar de vivienda, incluyendo el hacer cotidianamente todo lo necesario para ayudar y cuidar de tu hogar.

J. Dar mantenimiento al exterior de tu lugar de vivienda, incluyendo lo necesario para el cuidado y apoyo del ambiente.

K. Encontrar y mantener un empleo.

L. Hacer los trabajos de lavandería y cuidado de la ropa, y necesidades alimenticias.

M. Tu transporte.

N. Tus finanzas.

Ahora calcula tus resultados:

Si el total del puntaje en las preguntas es mayor a 45 su grado de independencia es bastante saludable y probablemente te sientes muy satisfecho con tu vida.

Con un puntaje entre 27 y 44 eres más o menos independiente, pero podrías ganar bastantes herramientas de individuación con este libro.

Si tu puntaje es de 26 o menos eres bastante dependiente, Puedes verte a ti mismo como víctima, con una falta de sentido de control sobre tu vida, o sentirte incómodo o poco importante.

Cualquiera haya sido tu respuesta, este libro te ayudará a empezar, o continuar, "creciendo y madurando" y reeducar al niño interior que llevas y que necesita convertirse en un adulto independiente y posteriormente interdependiente.

Si tienes la fortuna de haber estudiado Disciplina Positiva, encontrarás fácil el convertirte en un Consultor de Encouragement, usando las habilidades que aprendiste para educar y criar a los niños de todas las edades podrás ayudar a tu niño interior a madurar. Esto es lo que llamamos ¡Disciplina Positiva Plus!

Muy pocas personas fueron criadas de acuerdo a nuestro mapa. La experiencia de Conchita te puede ayudar a ver más claramente cómo el entrenamiento en la infancia influye en los problemas actuales.

Cuando ella era una niña pequeña, cada vez que Conchita intentaba pensar por sí misma, desde decidir qué ropa usar al levantarse en la mañana, a cómo iba a gastar el dinero de su cumpleaños, ella era criticada, corregida, e instruida para hacer las cosas de la manera "correcta". La manera "correcta" según sus padres, era su manera. Sus padres no sabían cómo alentar la independencia, y tampoco deseaban hacerlo. Quizá solo practicaban el estilo de crianza de la época. Quizá tenían miedo de alentar en ella la independencia porque podría significar que eran negligentes. Su manera de demostrar amor era supervisar todos los aspectos de su vida.

La tarea apropiada en la adolescencia es el individualizarse, descubrir por sí mismo lo que siente y piensa. Cuando Conchita comenzó su individuación, sus padres entraron en pánico y acortaron las riendas, manteniéndola dependiente de ellos. Tenían miedo de que haga algo estúpido o peligroso. La convencieron de que ellos sabían lo que era mejor para ella.

Algunos niños se vuelven muy rebeldes cuando esto sucede. Otros como Conchita, se vuelven sumisos. Ella cedía ante sus padres e ignoraba cualquier pensamiento o sentimiento que no era consistente con los de ellos. Perdió la confianza en sus propias decisiones. Ella creía que alguien más siempre sabría lo que es mejor y tendría la razón.

Como adulta, continuó con este patrón de dependencia, escogiendo relaciones con personas que le dirían qué hacer y qué pensar. Ella temía confiar en sus propios pensamientos y sentimientos, ya que consideraba que estaba siendo egoísta o hiriente cuando se escuchaba a sí misma, en especial si los demás no estaban de acuerdo. Tampoco se daba cuenta que sus padres y parejas tenían sus propios miedos e inseguridades. Temían que, si Conchita se volvía más independiente, ya no los necesitaría. Ella podría irse y no volver jamás.

Con tanta de su energía gastada en mantener a los demás felices, Conchita no podía crecer y lograr la independencia. Cuando el tiempo pasó, ella continuó siendo una niña pequeña en el cuerpo de una adulta, luchando por manejar los problemas del mundo adulto. No tenía la auto confianza o las habilidades necesarias para sobresalir. Sentía miedo, se sentía enojada y deprimida, pero lo guardaba todo dentro y empezó a experimentar ataques de pánico. Para ganar de vuelta su propia vida, Conchita necesitó encontrar una manera de volverse más independiente, e igualmente aprender a volverse interdependiente.

Para entender mejor la lucha de Conchita (y la lucha de su niña interior), piensa su situación de la siguiente manera: Cuando tu reeducas a tu niño interior, quieres asegurarte que eres un Consultor de Encouragement que empodera y que no rescata. El rescatar es hacer por otros lo que pueden hacer por sí mismos. Piensa en las diferencias entre empoderar y rescatar al mirar el diagrama más abajo:

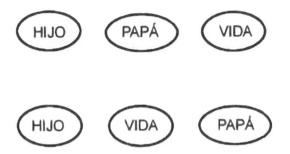

En la primera fila puedes darte cuenta que el padre está firmemente posicionado entre el niño y la vida, interfiriendo y protegiendo. En la segunda fila, el adulto sigue presente, pero no en medio del niño y la vida. EL padre que empodera se siente cómodo dejando al niño aprender de sus errores, mientras continúa estando disponible para darle una mano, para que descubran como manejar las consecuencias de sus errores y hagan las reparaciones necesarias del caso. En lugar de intervenir y rescatar, este padre le da al niño espacio para estirar sus músculos y crecer desde esa lucha.

Conchita miró a este diagrama y se dio cuenta que debía encontrar una forma de dejar de ser tan dependiente. Empezó a asistir a un taller donde en un ambiente seguro podía practicar cambiar su comportamiento. Invitó a su novio, Alex, a acompañarla. En este taller, se pidió a los participantes intentar algunas actividades que simulen diferentes tipos de relaciones.[2]

La primera actividad demostraba cómo los adultos dependientes se relacionan entre sí. Siguiendo las instrucciones del moderador, Alex se paró detrás de Conchita, puso sus brazos sobre sus hombros, y se colgó de su cuello desde atrás. Junto con otros participantes, intentaron caminar alrededor del salón. Se le preguntó cómo se sentía el arrastrar a alguien detrás suyo. Conchita replicó *"De alguna manera me parece familiar. Así me siento cuando estoy siempre intentando complacer a Alex. Pero creo que soy más como la persona que cuelga de los hombros. Porque me da mucho miedo que, si no hago lo que Alex quiere, me va a abandonar. Mi ex esposo solía decirme que era en peso en sus hombros. Seguramente es así como se sentía".*

Alex levantó su mano y dijo, *"Me gusta sentirme necesitado, por lo que me sentí muy incómodo colgando detrás de Conchita, pero sé que podría andar arrastrándola durante horas. Me siento importante cuando alguien más me necesita. Pero tampoco quiero terminar manteniendo a alguien. Veo cómo eso podría suceder si permito que dependan demasiado en mí."* Como el "arrastrado" Alex es también dependiente de Conchita por su sentido de importancia, sabiendo que ella lo está "sosteniendo". Esto se llama *codependencia.*

---

2   Estas actividades fueron introducidas a nosotras en un taller con Jhon Taylor un terapista adleriano de Salem, Oregon, en este taller no enseñó cómo ayudar a las personas a aprender experiencialmente, sus ejercicios enseñan que cuando las personas aprenden desde el corazón, y no sólo desde sus cabezas, aprenden más rápido y retienen la información más tiempo. Hay muchas actividades experienciales en los manuales de entrenamiento y libros recomendados en el apéndice.

Una relación codependiente surge cuando una persona hace cualquier cosa para prevenir que la otra experimente la vida y sus consecuencias. Un nombre común para esto podría ser "rescatar". Sin embargo, usamos el término "desalentar" en su lugar, para significar los comportamientos que agotan el coraje y limitan a la persona el aprender y crecer de sus errores. Cuando Conchita arrastró a Alex por el salón, parecía como si los dos estaban cercanos y amorosos. Pero, de hecho, Conchita estaba haciendo todo el trabajo y previniendo que Alex se pare por sí mismo en sus dos pies. Conchita no podía crecer y prosperar, ya que toda su energía se iba para sostener a Alex.

Actividad de Concientización: Cómo se siente el salir de una relación de dependencia.

¿Se muestran comportamientos dependientes en tu vida? Como Conchita y Alex, probablemente no te habías percatado de todos los comportamientos desalentadores que tienes. Quizá pensaste que así se supone que son las relaciones. ¿Existe alguna relación importante en la que tú eres el "arrastrador" o el "arrastrado"? Intenta la actividad descrita con un amigo, luego piensa en los lugares y momentos en tu vida donde has tenido pensamientos y sentimientos similares a los experimentados en el ejercicio. Podrías sorprenderte.

Para tener una idea de lo que se siente salir de una relación de dependencia, imagínate en el taller con Conchita y Alex en la siguiente actividad. Mejor todavía, pide a un amigo que haga las actividades contigo para que puedas aprender de "adentro hacia afuera", vivenciando (antes que solo imaginando) cómo se siente. En este ejercicio, las personas se recuestan en las manos extendidas de su compañero, manteniendo sus cuerpos rectos, como una tabla de planchar. Las parejas los empujan alrededor del salón en esta posición diciendo, *"Te voy a soltar y sé que puedes pararte en tus propios pies"* Cuando quien empuja se siente listo, lo sueltan. Cuando quien empuja suelta, para sorpresa de muchos, nadie se cae o abandona el salón.

En la vida real, la mayoría de personas no dejan ir, nuca sueltan porque creen que el otro va a salir herido o los va a abandonar. No solo que eso no sucede, pero usualmente las personas terminan sintiéndose más cercanas unas con otras. Ven opciones que antes no eran capaces de ver.

Actividad de Concientización: Vivencia la Interdependencia.

Para ilustrar una relación de interdependencia, imagina la siguiente actividad:

Dos personas están paradas frente a frente con un metro de separación. Notan lo que se siente tener cierta distancia y pararse sobre ambos pies sin el apoyo de nadie. Están los suficientemente cerca y lo suficientemente apartados como para verse a sí mismo y a la otra persona totalmente. Esta escena simboliza una relación interdependiente, donde ambas personas son capaces de pararse por sí mismas en sus dos pies. Sin embargo, también están disponibles para ayudarse, animarse o guiarse uno al otro.

Una relación independiente es el primer paso hacia la interdependencia. Si te saltas este paso, el de la independencia, no avanzarás hacia la interdependencia.

Para tener una idea en cómo se siente una relación interdependiente, intenta lo siguiente con un compañero: Párate a un metro de tu compañero. Cada uno girará despacio en su propio círculo para simular sus mundos separados. Cuando cualquiera desee establecer una conexión, extienda su mano, o con sus ojos, o su voz invite al otro a acercarse durante un tiempo. Luego cuando cualquiera quiera más espacio, deje al otro saber que es hora de volver a su propio círculo. Repita este proceso de moverse juntos y alejarse, hasta tener la sensación  de que cuando cada uno se mueve a hacer sus propios asuntos, no significa que está abandonando al otro. Te darás cuenta que la conexión es posible en cualquier momento.

Al simular una relación interdependiente, estás practicando el aliento. Nadie se mete en el camino del otro. Ambos están disponibles para ayudarse, enseñarse y apoyarse. Las relaciones interdependientes expanden en lugar de limitar quien tú eres.

4. Practica la Comunicación mutuamente respetuosa

Respeto mutuo significa respetarte a ti mismo, así como a los demás. No solo que el respeto es básico para las relaciones saludables, sino que tiene un lenguaje alentador en sí mismo. Cuando te comunicas usando el lenguaje del aliento, estás siguiendo el cuarto camino hacia las relaciones saludables.

Mantén reuniones regulares en casa y en el trabajo

Cuando todos están alentados para contribuir y participar en la toma de decisiones, se sienten empoderados en lugar de supervisados o demasiado controlados. Una de las mejores maneras para crear este ambiente es mantener reuniones regulares agendadas. (Estas no son reuniones que tenemos cuando hay una crisis o cuando de forma arbitraria una persona decide que hay que tener una).

Empieza la reunión con cumplidos, agradecimientos, apreciaciones y reconocimientos o felicitaciones. Pregunta a los presentes lo que quisieran poner en la agenda, o consulta el cuaderno, caja, pizarrón o documento compartido, al que se ha invitado a los participantes a utilizar para agregar los asuntos a tratar. Luego de leer los asuntos de la agenda o exponerlos para que todos los puedan ver, pregunta al grupo priorizar los temas y poner tiempo para cada uno. Pide a un voluntario que maneje el tiempo. Si el tiempo se acaba antes de haber completado algún asunto, encuesta a los presentes para decidir si prefieren dar más tiempo al asunto y dejar los otros asuntos para más tarde, o poner el asunto para luego y seguir adelante.

Discutan cada asunto de la agenda (a menos que la persona que lo escribió, considere que ya está resuelto antes de la reunión), sin culpa o criticismo, y trabajen juntos en una lluvia de ideas para buscar soluciones. Hacer una lluvia de ideas implica tener tantas ideas como sea posible, de manera rápida, y sin juzgar o evaluar. Si un asunto es demasiado difícil para ser resuelto en una sola reunión, mantengan una discusión para aprender lo que cada uno piensa sobre el asunto y pónganlo para continuar con la discusión y buscar la solución, en la siguiente reunión.

Cuando sea posible, es mejor lograr un consenso antes de hacer algún cambio. Si el consenso no es posible y se necesita llegar a una decisión, los miembros del grupo pueden estar de acuerdo en lo siguiente: *"Necesitamos (hacer esto y aquello) hasta que logremos un acuerdo con el que todos estemos tranquilos. Mantendremos la comunicación abierta y continuaremos con la discusión hasta que lo logremos."*[3]

Escucha en lugar de hablar

Para construir relaciones saludables y alentadoras, tómate el tiempo de aprender y practicar el escuchar en lugar de hablar. Esta estrategia de comunicación es la más sencilla de aprender, pero ¡también es la más difícil de hacer! Todo lo que necesitas hacer es mantener tu boca cerrada mientras alguien más está hablando. Puedes hacer sonidos que no impliquen abrir la boca como "Hmmmm" "Ummmm." "Awww." Ya tienes una idea ¿verdad? No pelees, no uses lo que alguien dice como un lugar para que tu saltes a contar tu cuento. Suena sencillo, pero practicarlo toma bastante compromiso de tu parte.

Practica la Honestidad Emocional

Practicar la honestidad emocional te ayudará a ponerte en contacto con tus pensamientos y sentimientos y te inspirará a tener el coraje de expresarlos. También te enseñará a escuchar a otros sin juzgar, criticar, o defenderte. Hay una fórmula simple que puedes usar y hará más sencillo el practicar. Solo llena los espacios en blanco en uno o ambos de los siguientes enunciados:

Me siento _____ deseo _____; O porque _____ y Te sientes _____ porque _____ y deseas _____.

Naturalmente hay un par de trucos. El más importante es asegurarse de usar una palabra de sentimientos luego de la palabra "siento" (Usa el cuadro de Sentimientos de la Semana 1) Recuerda que "como" no es una palabra de sentimientos, tampoco "que" o las combinaciones "como si", "que tú", "que ella", "que él". Las palabras de sentimientos pueden ser: herido, asustado, enojado, feliz, preocupado, etc.

El siguiente truco es abstenerse de usar esta fórmula como una forma de camuflar el querer culpar a alguien más por lo que sientes. Por ejemplo: "Me siento triste porque olvidaste mi cumpleaños y desearía que me hubieras dado un regalo"; suena a culpar.

---

3   Para profundizar más en el tema de las reuniones familiares y cómo usarlas para transformar la atmósfera en tu hogar, revisa el libro *Chores Without Wars* (No más guerras en las tareas del hogar) de Lynn Lott y Riki Intner, o *Solving the Mystery of Parenting Teens* (Resolviendo el Misterio de Educar Adolescentes) de Lynn Lott, Alicia Wang y Kimberly Gonsalves.

Podrías parafrasear la oración y decir, "Me siento triste, porque esperaba una sorpresa o tarjet de cumpleaños y deseo que hubiese sucedido". Esto podría sonar como una nimiedad, pero realmente cambia el enfoque del enunciado hacia tus sentimientos y revela la verdad sobre ti, antes que culpar a otros y su comportamiento.

Cuando usas el enunciado "Te sientes ." Recuerda que solo estás adivinando sobre lo que la otra persona puede estar pensando o sintiendo. No sabes leer la mente y no tienes que acertar. De hecho, si te equivocas, la persona con quien estás hablando probablemente te corrija, lo que te ayudará a entender lo que le está pasando. Fíjate en este ejemplo: Un esposo le dijo a su esposa cuando vio su cara fruncida, "Te sientes molesta porque la cocina es un desorden y deseas que lo hubiera limpiado yo mismo." A lo que ella respondió, "No, me siento confundida porque dejé un plato de galletas en la alacena y ya no están allí, desearía saber qué pasó con él." Su esposo respondió, "Lo escondí en el refrigerador, para no tener la tentación de comérmelas todas." Ella se rió.

Usa un lenguaje alentador.

El lenguaje alentador consiste en palabras y acciones que desarrollan, mantienen o realzan, la experiencia de otros sobre su propia valía, su impacto social, su auto dirección y auto confianza. Puedes aprender a usar cumplidos, apreciaciones, agradecimientos, y respuestas reflectivas/descriptivas en lugar de elogios y críticas. Hablar el lenguaje del aliento podría sentirse raro al principio, pero con la práctica te ayudará a convertirte en una personan más positiva.

Aquí hay algunos ejemplos de lenguaje alentador que es tanto reflectivo como descriptivo: "Sé que tienes tu propia manera de pensar respecto a esto." "Resolviste la manera de resolver ese problema." "¿Cómo te sientes al respecto?" "Conociéndote, estoy seguro que lo podrás resolver." "Confío en tu buen juicio". "Lograste hacer lo que dijiste que harías".

Aquí hay un lenguaje alentador que expresa cumplidos y apreciaciones; "Gracias. Eso fue de mucha ayuda." "Sé que querías seguir trabajando en tu computador, gracias por venir a ayudarme con la cena." "Aprecio mucho la forma en que viniste e hiciste que mi trabajo sea más fácil y divertido." "Veo que pasaste mucho tiempo pensándolo." "¡Mira todo el progreso que has hecho limpiando y organizando todo esto!". "¡Mira lo lejos que has llegado!, ya estás cerca de tu meta."

Plan de Acción: Haz algo alentador.

Para alentar a alguien en tu vida, piensa en algo que podrías decir o hacer para:

1. Demostrar que tienes fe.

2. Expresar tus límites.

3. Ser amoroso.

4. Pedir ayuda.

5. Dar información.

Si se te hace difícil encontrar ejemplo, aquí unas cuantas sugerencias:

- "Sé que cuando es importante para ti, sabes qué hacer."

- "Te voy a esperar 15 minutos, y luego de eso si no llegas o no llamas, confiaré en que te ocupaste en algo, y seguiré con mi día."

- "No estás en problemas." "¡Te amo tal como eres!"

- "Odio molestarte, pero de verdad me vendría bien tu ayuda en la hora siguiente."

- "Me doy cuenta que prefieres comer frente a la TV. ¿Hay alguna posibilidad de que podamos escoger un par de noches a la semana para hacerlo juntos y comer el resto de la semana sentados a la mesa?"

Recuerda que menos es más

Practicar el "menos es más" invita al diálogo y la cercanía. Técnicas de "menos es más" incluyen el *Dilo en 10 palabras o menos; usa solo una palabra o una señal no verbal; y escribe una nota en lugar de conversarla cara a cara.* Podrás ver todas estas técnicas en acción en la historia a continuación.

Victoria creció siendo podre en la Florida, ayudando a su padre en un puesto de recuerdos a la orilla del mar después de la escuela, los fines de semana, y durante el verano. Cuando era una niña pequeña, ella observaba a los adinerados y felices turistas, e inconscientemente tomó la decisión de que las personas como ella no eran tan buenas, como las personas que tenían dinero.

Ahora, de adulta, casada con un dentista, vive una vida de clase media, en un barrio de clase media. Su hija es amiga de niños cuyos padres son doctores, abogados y empresarios exitosos. La decisión que tomó de niña de que ella era "menos que" le hace difícil a Victoria el sentirse cómoda cerca de las familias del vecindario. Siempre está un poco incómoda, con temor de no ser tan lista como los otros padres, que tarde o temprano está destinada a decir algo estúpido, y que el resto tiene más gracia social.

Cuando Victoria aprendió sobre practicar la comunicación mutuamente respetuosa en un programa de educación para padres, pensó que podría ayudarle a hacer más amigos; se sentía aislada y sola. Victoria decidió tomar ciertos riesgos poniéndose en situaciones que había evitado. Cuando Mariana y Marta la invitaron a ayudar a hornear pastelitos para el Carnaval de Halloween, ella dio el salto.

Victoria intentó primero el *escuchar en lugar de hablar.* Mientras Mariana y Marta hablaban sobre sus hijos, los profesores, las políticas de la escuela y sus matrimonios, Victoria se mantuvo en silencio, pero interesada. Para sorpresa suya, las mujeres expresaban muchas de las mismas opiniones que ella tenía, pero que nunca las había dicho en voz alta por temor a parecer estúpida. Era asombroso cuánto se sintió Victoria involucrada en la conversación simplemente manteniendo sus labios cerrados, asintiendo, y solo diciendo

"Mmmm, Ohhh, Umhm, y Ajá".

Victoria descubrió que cuando los demás se sentían escuchados, también estaban interesados en escuchar lo que tenía que decir. Cuando Mariana le preguntó lo que pensaba sobre la decisión de la escuela respecto al eliminar la práctica del "truco o trato" y tener en su lugar un carnaval, Victoria se sintió incómoda, pero tomó un profundo respiro, e intentando poner en práctica la fórmula en las hojas de apoyo entregadas en la reunión, dijo *"Me siento un poco nerviosa porque soy una persona tímida"*.

Marta respondió diciendo *"Bueno, pensé que no te caíamos bien, porque estás siempre tan callada, y salías corriendo de las reuniones antes de tener la oportunidad siquiera de saludar."*

"Lamento haber dado esa impresión. Me he sentido muy aislada y me vendrían bien algunos amigos. Hoy ha sido muy especial para mí y espero poder hacer más cosas juntas en el futuro. Me pregunto si podrían venir a tomar un café algún día mientras los niños juegan después de la escuela. "

Victoria encontró sencillo extender su aprecio y dar cumplidos a Marta Y mariana, aun cuando estaba acostumbrada a escuchar elogios o críticas por parte de su padre cuando era niña. Si a su padre le gustaba lo que hacía, le diría que era una "buena niña", pero cuando estaba enojado, diría cosas como *"¿No puedes hacer nada bien? ¡Nunca dejes dinero sobre la mesa cuando buscas el cambio! ¿Dónde tienes el cerebro?"*.

Victoria le dijo a Marta que le gustaba lo franca que era, y que deseaba ser más como ella. Marta se ruborizó y dijo *"Siempre estoy abriendo la boca y metiendo la pata hasta la rodilla"*. *"Oh no"* dijo Victoria, *"Tú dices lo que piensas y eso me ayuda a sentirme más cómoda porque no tengo que preguntarme cómo te sientes."*

A pesar de ser callada y tímida en situaciones sociales, Victoria era lo opuesto en casa, insistiendo sin parar sobre lo que deseaba de su hija y de su esposo. Ambos asentirían con su cabeza en aprobación, pero estaban "sordos" a sus palabras. Victoria reconoció que sería un lugar perfecto para intentar el método de *menos es más*.

La opción de: *dilo en 10 palabras o menos*, fue un éxito y de inmediato borró la mirada en blanco de la cara de su esposo que Victoria estaba acostumbrada a ver. Cuando Victoria tomó la mano de su marido y simplemente dijo, *"El garaje es un desorden. Ayúdame a limpiarlo."* (8 palabras) su marido se paró y salió hacia el garaje.

Cuando sonó su teléfono y él se desvió, Victoria esperó a que termine su llamada, lo miró a los ojos, e intentó una variación, usando *una sóla palabra.* Solo tuvo que decir *"Garaje"*, y él dijo *"Ah cierto"*. Victoria no lo podía creer.

Ella decidió usar una nota con su hija, en lugar de repetirle una y otra y otra vez, sin lograr ningún resultado positive. Apenas su hija puso la llave en la puerta, al regresar de la escuela, no pudo sino notar la notita pegada en la puerta:

Por favor lleva to saco, tu mochila y tus zapatos a to recámara. Te ama, Mamá

"Abrigo, mochila, zapatos, dormitorio". Victoria miró mientras su hija, con la nota y su abrigo, su mochila, y sus zapatos se dirigía hacia su dormitorio.

Gradualmente, Victoria reconoció que mientras más practicaba una comunicación mutuamente respetuosa en los proyectos del grupo de padres de la escuela, en el aula de clase, o con los conocidos de la ciudad, las personas parecían más gratas, se veían alegres de verla y era claro que les caía bien.

Los riesgos que estaba dispuesta a tomar para cambiar valían la pena; se sentía mucho menos sola y aislada.

Planes de Acción para el cuidado y alimentación de las relaciones saludables.

Termómetro

Imagina un gran termómetro en el suelo, frente a ti. Estás parado en el extremo caliente y alguien con quien te estás comunicando y tratando de alentar está parado en la mitad del termómetro. Tu tarea es decir cosas que atraerán a la persona a estar más cerca de ti. Haz un cometario a la vez, e imagina hacia donde se dirige la persona luego de cada comentario: se aleja de ti, se acerca a ti, o se queda exactamente donde está parada. Si puedes encuentra un amigo con quien practicar este ejercicio.

Gustavo, un hombre recién casado, de 25 años, usó el termómetro para averiguar por qué su esposa de hace tres meses, Teresa, estaba usando un tono hostil con él. Le preguntó si quería ayudarle a hacer la actividad con él, y le explicó la idea del termómetro imaginario. Ella accedió, aunque un tanto reacia.

Primero, Gustavo dijo *"Creo que ya no me amas"* Teresa dio un paso hacia atrás. Gustavo continuó con uno de sus comentarios favoritos, *"Nunca quieres hablar de cosas serias conmigo"*. Teresa dio dos pasos hacia atrás. Frustrado Gustavo dijo, *"Nunca debimos habernos casado"*, a lo que Teresa se fue al extremo más frío del termómetro.

Gustavo luchó para buscar qué podía decir para atraerla más cerca. Empezó, *"Lamento haberte tratado mal hace un momento."* Teresa dio un paso más cerca. *"No soporto cuando no hablamos. Extraño tanto tu amistad."* Teresa dio otro paso hacia Gustavo. *"¿Qué puedo hacer para que las cosas mejoren?"* Un paso más hacia Gustavo. *"Necesito escucharte sin tratar de arreglarlo todo y ponerme a la defensiva. ¿Me ayudarías a trabajar en ello?"* Teresa se paró frente a Gustavo sonriendo, y le dio un abrazo diciendo *"Intentémoslo otra vez."*

Partido de Tenis

Imagina un Partido de tenis. Piensa en lo aburrido que sería si la pelota nunca logra ir de un lado al otro de la red. A veces las conversaciones son así, una persona toma la pelota de la conversación y nunca para de hablar. La otra persona escucha por un rato y luego empieza a deambular en su mente, esperando un descanso en el monólogo. Si esto continúa, es probable que la comunicación de esta pareja se deteriore en que una persona pretende escuchar mientras la otra continúa.

Si tienes conversaciones que no son como un partido de tenis, donde la pelota va de un lado al otro de la red, podría ser hora de decirle a la persona que tiene la pelota, "*¿Existe la posibilidad de que hagamos de nuestras conversaciones un partido de tenis, en que la pelota va de un lado al otro en lugar de que se quede solo en tu lado de la cancha? Realmente me importa lo que tienes que decir, pero me encuentro divagando y sintiéndome perdida cuando no intercambiamos pensamientos*" Algunas parejas, tienen un acuerdo que les funciona, si uno de ellos dice "Partido de tenis" la otra persona parará de hablar inmediatamente.

Curiosidad

El ser curioso abre el diálogo, promueve el entendimiento y construye el aliento mucho más rápido que intentar que la otra persona se enderece, o querer arreglar su problema con consejos bien intencionados.

Cuando Lynn estaba buscando un nuevo médico, le mencionó al Dr. Lieu que quería ver si se acoplarían bien. El doctor dijo muchas cosas que ella pensó eran acertadas. Sin embargo, después de decir que a ella le gustaba tomar decisiones como equipo con todos sus pacientes, él pasó casi una hora hablando. Lynn tuvo que preguntarse si de verdad podría predicar con el ejemplo, y hacer lo que decía; parecía que decía una cosa, mientras hacía otra. Un poquito más de curiosidad y menos sermoneo de su parte habría hecho mucho más para alentarla.

No se trata de ti

Esto es difícil para muchos de nosotros. Es importante dejar de tomarlo todo de forma personal y reconocer que lo que el otro dice es acerca de sí mismo. Ser un curioso escucha antes que responder defensivamente es profundamente alentador para ambas partes.

Construir relaciones saludables para ti y los demás es el camino para el aliento y la terapia más efectiva que existe. Esperamos que leas este capítulo muchas veces para ayudarte a llegar allí.

Conclusión
—No hay línea de meta

Felicitaciones, has completado las primeras ocho semanas de *Terapia Hazlo Tú Mismo*. Decimos tus primeras ocho semanas porque esto es solo el inicio. Estamos seguras que querrás continuar creciendo y cambiando y manteniendo tu proceso de auto-terapia vivo. También esperamos que trabajarás para alentarte no solo a ti mismo, pero a otros también. Hay una cita Zen que dice *"Estoy desalentado. ¿Qué puedo hacer? Y el maestro responde: Alienta a los demás."* Eso es lo que hacen los Consultores de Encouragement, y nosotros confiamos que te has convertido en uno de ellos.

Siéntete libre de volver a revisar la información del libro a menudo, ya que aprenderás algo nuevo cada vez que revises una sección. Nos gustaría que nuestro libro se convierta en una especie de viejo amigo con quien siempre estás cómodo, o como un paseo favorito que siempre se siente familiar, pero es diferente cada vez que lo haces.

Tienes la información necesaria para crear una magnífica calidad de vida, pero depende de ti asegurarte de que tienes suficiente práctica y exposición al material para que continúes creciendo.

Podrás estar preguntándote si realmente eres una nueva persona. En cierta forma sí, las personas te siguen reconociendo, pero en este punto, tienes un entendimiento diferente de ti mismo y de tus relaciones, de lo que tenías antes de iniciar esta terapia hecha por ti mismo. Has encontrado nuevas formas de pensar sobre ti mismo y los demás y de la vida en general. Estás experimentando y expresando los sentimientos de formas distintas y te estás comportando de forma diferente. Mientras el cambio se asienta, se mueve por tu cuerpo desde tu cabeza hasta tu corazón, y a tus entrañas, y finalmente a tus pies. Tus pensamientos, sentimientos y acciones, todo refleja el nuevo tú.

Nuestra meta ha sido darte información de una forma simple, y en pedazos utilizables. Podría parecer que sugerimos el cambio por una fórmula, y en cierto sentido creemos que usar una fórmula al inicio puede hacer un proceso agobiante en algo más manejable. A medida que trabajas con este material, notarás que esta fórmula te brinda un lenguaje que puedes usar para comunicar lo que sucede dentro y fuera de ti, junto con una nueva manera de hablar sobre tus asuntos y problemas. Este podría ser solo otro libro de auto ayuda en tu librero, o podría ser como un mejor amigo. Lo que hará la diferencia es tu intención. Nota como Jack, Laura, y Helena usaron la información en este libro junta para crear grandes cambios en su vida.

Jack y Laura

Aunque Jack y Laura tenían un matrimonio civilizado y no abusivo, existían muchas desilusiones y heridas para querer continuar. Ambos decidieron que un divorcio a través de la mediación sería la mejor opción para salvar lo poco que quedaba de su relación. Jack y Laura habían trabajado con el material de este libro por algunos años. Cuando llegó el momento de las negociaciones finales en su mediación para el divorcio, se sintieron atorados, y a pesar de sus esfuerzos para mantener el proceso respetuoso, se estaba desmoronando. En la superficie, el asunto parecía ser sobre dinero, pero Jack y Laura sabían que había algo más. Solo no lograban identificar cuáles eran sus asuntos más profundos. Laura sugirió revisar algún material del libro.

Al releer el material de la Semana 6, lograron desatorarse. Ambos acordaron escribir un recuerdo temprano para ver sus asuntos más profundos. Usándolos métodos delineados en el capítulo, Jack se dio cuenta que deseaba que la mujer más importante en su vida le reconociera, le dijera que había hecho un buen trabajo, y le asegurara que estaría disponible para consolarle, aún después del divorcio. Él estaba retrasando el proceso por el miedo de que todos sus años juntos serían un desperdicio, que su ruptura sería un todo o nada, y que nunca más volvería a ver a Laura. Laura le aseguró que había hecho un magnífico trabajo apoyando a la familia, que él era importante, y que esperaba que seguirían siendo amigos, ayudándose cuando sea necesario, e incluso saliendo a comer juntos de vez en cuando.

Los asuntos de Laura eran diferentes. Ella estaba herida porque Jack nunca le pregunto qué es lo que quería. Al usar su "varita mágica" para cambiar su recuerdo, descubrió que deseaba que Jack le hubiese preguntado lo que deseaba, y dentro de lo razonable, que le hubiese cumplido sus deseos. Jack había estado tan ocupado intentando adivinar qué sería correcto hacer que nunca se le ocurrió preguntar directamente a Laura lo que ella deseaba. Cuando le dijo lo que deseaba, dijo *"No hay nada de lo que pides que no sea capaz de darte. Tus pedidos son muy razonables."*

Helena

Helena, una muy respetada planificadora financiera, estaba trabajando en un plan de negocios que no iba a ningún lado. Para ayudarla con sus asuntos presentes, ella acudió a sus recuerdos de infancia para obtener información del pasado. El recuerdo que descubrió, cuando plantó un jardín con su padre estaba lleno de información sobre lo que le gustaba y lo que le disgustaba, y le ayudó a llevar adelante su plan de negocios.

En el recuerdo, el padre de Helena le decía que su jardín podría tener tres filas, él escogería las flores para dos de las filas y ella escogería cuáles plantar en la tercera. Él puso pensamientos en una fila, minustias en la otra y ella escogió plantar aliento de bebé en la tercera fila. A ella no le gustaban los pensamientos porque eran muy desordenadas, venían en demasiados colores y siempre necesitaban mantenimiento. Las minustias estaban bien una vez que el follaje producía los fragantes botones de flor, pero para una pequeña niña de tres o cuatro, esperar dos años era demasiado tiempo para que retoñen. Ella pensó que las aliento de bebé, eran las mejores porque crecían rápido, eran prolíficas, todas de un solo color cuando estaban en flor, manejables y no necesitaban mucho cuidado.

Helen se dio cuenta que las flores representaban tres tipos de clientes diferentes.

Actualmente tenía demasiados "pensamientos". Su nuevo plan de negocios disminuiría el número de "pensamientos", esos clientes eran desorganizados, por todo lado, y necesitaban mucho mantenimiento, y aumentaría el número de "alientos de bebé". Estas personas eran aquellas que no la perseguían, que escuchaban lo que decía, no eran quisquillosos, tenían opciones similares para el manejo de sus finanzas y no culpaban a los demás.

Último, pero no menos importante.

El título de este libro *Terapia Hazlo Tú Mismo*, hace énfasis en que hagas tu propio trabajo. En este punto ya sabes que la única persona a quien puedes cambiar es a ti misma. Pero al mismo tiempo sabes que eres parte de algo más grande que tú mismo, y que nunca estás realmente solo. Mientras más ayudas a otros a sentirse alentados, más mejoraras la calidad de tu vida.

Un fragmento escrito por un participante en un retiro de crecimiento personal lo expresa a la perfección. Los participantes fueron invitados a caminar en el bosque detrás de la casa de Lynn en el lago Tahoe, y encontrar un árbol con el cual "comulgar". Al principio pensaron que era una actividad ridícula, pero aceptaron realizarla. La poesía y fotografías que resultaron de esta actividad son realmente inspiradoras, pero consideramos que el escrito de Celeste Shollqs, captura perfectamente nuestros pensamientos de estar separados, pero no solos. (Gracias Celeste, por tus pensamientos inspiradores y tu apertura para compartirlo con otros.)

El Crecimiento de un Árbol

"Los árboles son como personas. Yo soy como tú. No podría haber crecido grande y alto, entero y hermoso si estuviera en medio de un montón de árboles aglomerados. Crecí tanto y completo porque tengo algo de espacio.

Pero también soy grande y hermoso porque estoy en el bosque en comunidad con mis compañeros árboles. Piensa en esos pobres desafortunados que crecen solos en la cima de una colina. El paisaje es grandioso y el sol calienta, pero no tienen protección de los elementos y pronto se convierten en árboles del viento, que se deforman y se atrofian con sus ramas desviadas a un lado, inclinándose para intentar aguantar una tormenta más.

Fuiste destinado a ser tu propia persona, no para ser dependiente, sino interdependiente. Tú florecerás mejor en la comunidad, con otras personas. No te quedes parado solitario en la cima de la colina. Sé parte del bosque."

Anexo 1—
Actividades de Concientización y Planes de Acción

Introducción: No es vudú, lo haces tú.

Actividad de Concientización: Cómo los Estilos de Crianza impactan a tu niño interior. Plan de Acción: Usa el Aliento para hablar con tu niño interior esta semana.

Semana 1: Puedes cambiar si quieres

Actividad de Concientización: Cuando tu Autoestima se dañó. Actividad de Concientización: ¿Es tu niño interior quién manda? Plan de Acción: Palabras de Aliento.

Actividad de Concientización: ¿Cuál es mi mejor camino para el cambio? Actividad de Concientización: ¿Cambiar o no cambiar? Pregúntale a mis pulgares. Plan de Acción: ¿Pulgares arriba? ¿Pulgares abajo?

Actividad de Concientización: Etiquetas de la Infancia. Plan de Acción. Mis pasos para el cambio.

Actividad de Concientización: Desenredando la Bola de pelos de la depresión.

Semana 2: Cómo llegaste a ser tú. ¿Naturaleza? ¿Crianza? !No!

Actividad de Concientización: ¿Cuál fue la influencia del Estilo de Crianza de tus padres? Actividad de Concientización: ¿Cuál fue la influencia del ambiente en tu infancia?

Actividad de Concientización: ¿Cuál fue la influencia de tu atmósfera familiar? Actividad de Concientización: ¿Cuál fue la influencia de tus valores familiares? Actividad de Concientización: ¿Cuál fue la influencia de la personalidad de tus padres? Actividad de Concientización: ¿Cuál fue la influencia de la relación de tus padres?

Actividad de Concientización: ¿Cuál fue la influencia del estilo de crianza de tus padres? Plan de Acción: Familiarízate con tu niño interior.

Semana 3: Cómo llegaste a ser tú y qué tuvieron que ver tus hermanos.

Actividad de Concientización: Tu pastel Familiar Actividad de Concientización: La regla de cinco. Plan de Acción: El Orden de Nacimiento en Acción. Actividad de Concientización: ¿Con quién te casaste?

Semana 4: ¿Te está funcionando tu comportamiento?

Actividad de Concientización: Rompiendo el Código el mal comportamiento. Actividad de Concientización: Intenta el paso 1 y el paso 2 tú mismo

Actividad de Concientización: Comportamientos útiles e inútiles cuando eras niño. Actividad de Concientización: ¿Cuál es el propósito de tu diagnóstico?

Plan de Acción: Usa el aliento en tiempo real.

Plan de Acción: Personas ayudando a Personas, pasos para resolver problemas (PAP)

Semana 5: Leones, Águilas, Camaleones y Tortugas. ¡Ay Dios!

Actividad de Concientización: ¿Cuál animal eres tú?

Actividad de Concientización: Usando el cuadro de la Carta Alta.

Actividad de Concientización: Limitando el Estrés. Plan de Acción: Enfrenta tu miedo

Plan de Acción: Respuesta proactiva a los comportamientos de la Carta Alta.

Actividad de Concientización: Aciertos y Desaciertos de las Cartas Altas y pasos para mejorar. Plan de Acción: Sé asertivo.

Actividad de Concientización: Frases de la Carta Alta y perfiles personales

Semana 6: Encontrando el "Tesoro" en tus recuerdos de infancia.

Actividad de Concientización: Empieza a trabajar en tus recuerdos de infancia.

Actividad de Concientización: Intenta otro enfoque a tu trabajo de recueros. Plan de Acción: Intenta estas herramientas para desatorarte.

Actividad de Concientización: Cuando tu autoestima fue dañada. Actividad de Concientización: Más formas de trabajar con tus recuerdos.

Semana 7: Cómo Pensar, Sentir y Actuar como una persona nueva.

Actividad de Concientización: Usa los círculos de "Pensar, Sentir, Hacer" para alentarte a ti mismo.

Plan de Acción: Reescribe tus creencias.

Plan de Acción: Cambia el pensamiento con afirmaciones. Plan de Acción: Siente tus sentimientos, no los pienses.

Actividad de Concientización: Los diez dedos del enojo.

Plan de Acción: Cambia tus pensamientos, sentimientos y acciones con estos sencillos pasos.

Semana 8: El cuidado y alimentación de las relaciones

Actividad de Concientización: ¿Qué tan saludable es tu relación? Actividad de Concientización: Califica las cualidades de tu relación. Actividad de Concientización: ¿Es tu relación vertical u horizontal? Actividad de Concientización: ¿Eres competitivo?

Actividad de Concientización: Atención con las realidades separadas. Actividad de Concientización: ¿Cuánto puntúas en la lista de dependencia?

Actividad de Concientización: ¿Cómo se siente salir de una relación de dependencia? Actividad de Concientización: Vivencia la interdependencia.

Plan de Acción: Haz algo alentador.

Planes de Acción para el cuidado y alimentación de las relaciones saludables.

Anexo 2—
Libros y materiales para ayudarte a tener éxito como un Consultor de Encouragement de Disciplina Positiva Plus

Conocerme es amarme por Lynn Lott, Marilyn Kentz y Dru West.

Solving the Mistery of Parenting Teens por Lynn Lott, Alicia Wang y Kimberly Gonsalves

Disciplina Positiva para Adolescentes por Jane Nelsen y Lyn Lott

Disciplina Positiva de la A a la Z por Jane Nelsen, Lynn Lott y H. Stephen Glenn

Positive Discipline for Parenting in Recovery por Jane Nelsen, Riki Intner y Lynn Lott

Disciplina Positiva en el Aula de Clase por Jane Nelsen, Lynn Lott y H. Stephen Glenn

Disciplina Positiva en la Familia por Jane Nelsen y Lynn Lott

Teaching Parenting DVD's and Study Guide por Jane Nelsen y Lynn Lott

Positive Discipline in the Classroom DVD's and Study Guide por Jane Nelsen y Lynn Lott

Chores Without Wars por Lynn Lott and Riki Intner

Seven Steps on the Writer's Path por Nancy Pickard y Lynn Lott

Positive Discipline Parenting Tool Cards por Jane Nelsen y Adrian Garcia.

Madam Doras Cards, por Lynn Lott

Busque más productos útiles en www.positivediscipline.com, www.lynnlottec.com

Acerca de las autoras

Lynn Lott es una oradora de fama internacional, autora, consultora motivacional y especialista en Disciplina Positiva que tiene un Máster en Consejería de familia y pareja de la Universidad de San Francisco, y un Máster en Psicología de la Universidad de Sonoma.

Lynn ha trabajado en la práctica privada desde 1978 ayudando a padres, parejas, e individuos con una gama variada de conflictos personales y vinculares. Su reputación es la de una persona que capta el corazón de un problema y luego ayuda a los consultantes a aprender sobre sí mismos, a descubrir cómo resolver problemas, y a mejorar momentos difíciles.

Es autora de 20 libros, incluídos varios *best-sellers* de Disciplina Positiva. Ha sido consultora en Disciplina Positiva a lo largo y a lo ancho de Estados Unidos y Canadá. También fundó y dirigió el Centro de Educación Familiar, el Servicio de Educación y Consejería de Summerfield; fue miembro de la Junta Asesora para los Programas de prevención de uso de drogas en el estado de California, y trabajó como docente adjunta en la Universidad del estado de Sonoma donde dictó clases en las escuelas de Enfermería, Psicología, Consejería y Educación. Algunas de las organizaciones en las que Lynn ofreció sus servicios de consultoría son Kaiser Permanente, la Asociación Norteamericana de Psicología Adleriana, la Fundación del Condado de Sonoma, el Bureau de Asuntos Indios, y la Oficina de Justicia criminal.

En 2014 Lynn estuvo tres semanas ofreciendo cursos en China y actualmente trabaja con numerosos clientes de Europa y Asia. Divide su tiempo entre California y Florida.

Bárbara Mendenhall ha practicado la consultoría motivacional por más de 30 años. En 1983, como madre primeriza, conoció a Lynn Lott en el Centro de Educación Familiar (FEC) en Petaluma, California. Allí se conectó con conceptos y prácticas de un profundo potencial de cambio que no sólo transformaron sus habilidades parentales, sino que cambiaron también sus otros vínculos y su mirada sobre la vida. Inspirada por convertirse una educadora de padres, sirvió como voluntaria, entrenadora, facilitadora y, eventualmente, como Directora Ejecutiva de FEC hasta 1997.

Habiendo conseguido su título de Máster en Terapia familiar y de pareja en la Universidad de San Francisco en 1989, Barbara se licenció y constituyó su práctica privada en el condado de Sonoma durante 15 años. En la Universidad del estado de Sonoma, en la Universidad de California en San Diego, y en Santa Rosa Junior College, así como en FEC, enseñó a padres, docentes, y a terapeutas sobre cómo crear relaciones y ambientes alentadores en casa, en el trabajo, y en el aula de clase. También trabajó como Directora de Consejería y Prevención en el Centro de Servicios a las personas de Petaluma desde 2001 hasta 2006. En 2007 Bárbara se mudó a San Diego con su futuro esposo y se unió al Servicio Familiar Judío de San Diego, como escritora.

Además de contribuir con numerosos artículos de crianza, vínculos, y psicología adleriana en publicaciones locales y nacionales, el primer libro de Bárbara -la versión original de *"Terapia, Hágalo usted mismo"*, escrito junto con Lynn Lott y Riki Intner, fue publicado en 1990 por Career Press. Está especialmente contenta de completar la edición actualizada de este innovador libro.

Made in the USA
Las Vegas, NV
30 September 2024

95993243R00098